# Atitudes Sustentáveis

# Atitudes Sustentáveis

### Para leigos

Rosana Jatobá
Rafael Loschiavo Miranda

ALTA BOOKS
E D I T O R A

Rio de Janeiro, 2019

**Atitudes Sustentáveis Para Leigos®**
Copyright © 2019 da Starlin Alta Editora e Consultoria Eireli. ISBN: 978-85-508-0237-4

Todos os direitos estão reservados e protegidos por Lei. Nenhuma parte deste livro, sem autorização prévia por escrito da editora, poderá ser reproduzida ou transmitida. A violação dos Direitos Autorais é crime estabelecido na Lei nº 9.610/98 e com punição de acordo com o artigo 184 do Código Penal.

A editora não se responsabiliza pelo conteúdo da obra, formulada exclusivamente pelo(s) autor(es).

**Marcas Registradas**: Todos os termos mencionados e reconhecidos como Marca Registrada e/ou Comercial são de responsabilidade de seus proprietários. A editora informa não estar associada a nenhum produto e/ou fornecedor apresentado no livro.

Impresso no Brasil — 2019 — Edição revisada conforme o Acordo Ortográfico da Língua Portuguesa de 2009.

Publique seu livro com a Alta Books. Para mais informações envie um e-mail para autoria@altabooks.com.br

Obra disponível para venda corporativa e/ou personalizada. Para mais informações, fale com projetos@altabooks.com.br

| **Produção Editorial**<br>Editora Alta Books<br><br>**Gerência Editorial**<br>Anderson Vieira | **Produtor Editorial**<br>Thiê Alves | **Marketing Editorial**<br>marketing@altabooks.com.br<br><br>**Editor de Aquisição**<br>José Rugeri<br>j.rugeri@altabooks.com.br | **Vendas Atacado e Varejo**<br>Daniele Fonseca<br>Viviane Paiva<br>comercial@altabooks.com.br | **Ouvidoria**<br>ouvidoria@altabooks.com.br |
|---|---|---|---|---|
| **Equipe Editorial** | Adriano Barros<br>Bianca Teodoro<br>Ian Verçosa | Illysabelle Trajano<br>Juliana de Oliveira<br>Kelry Oliveira | Paulo Gomes<br>Rodrigo Bitencourt<br>Thales Silva | Thauan Gomes |
| **Revisão Gramatical**<br>Alessandro Thomé<br>Hellen Suzuki | **Diagramação**<br>Luisa Maria Gomes | | | |

**Erratas e arquivos de apoio:** No site da editora relatamos, com a devida correção, qualquer erro encontrado em nossos livros, bem como disponibilizamos arquivos de apoio se aplicáveis à obra em questão.

Acesse o site www.altabooks.com.br e procure pelo título do livro desejado para ter acesso às erratas, aos arquivos de apoio e/ou a outros conteúdos aplicáveis à obra.

**Suporte Técnico:** A obra é comercializada na forma em que está, sem direito a suporte técnico ou orientação pessoal/exclusiva ao leitor.

A editora não se responsabiliza pela manutenção, atualização e idioma dos sites referidos pelos autores nesta obra.

Dados Internacionais de Catalogação na Publicação (CIP) de acordo com ISBD

| | |
|---|---|
| J39a | Jatobá, Rosana<br><br>    Atitudes Sustentáveis Para Leigos / Rosana Jatobá, Rafael Loschiavo. - Rio de Janeiro : Alta Books, 2019.<br>    240 p. : il. ; 17cm x 24cm. – (Para leigos)<br><br>    Inclui índice.<br>    ISBN: 978-85-5080-237-4<br><br>    1. Sustentabilidade. 2. Atitudes Sustentáveis. I. Loschiavo, Rafael. II. Título. III. Série. |
| 2018-1848 | CDD 333<br>CDU 634.41 |

Elaborado por Vagner Rodolfo da Silva - CRB-8/9410

Rua Viúva Cláudio, 291 — Bairro Industrial do Jacaré
CEP: 20.970-031 — Rio de Janeiro (RJ)
Tels.: (21) 3278-8069 / 3278-8419
www.altabooks.com.br — altabooks@altabooks.com.br
www.facebook.com/altabooks — www.instagram.com/altabooks

# Sobre os Autores

**Rosana Jatobá** nasceu em Salvador. Iniciou sua carreira como advogada do Ministério Público Federal. Jornalista, atua como âncora em jornais de TV e rádio. É atriz pela Oficina de Atores de Nilton Travesso e mestre em Gestão e Tecnologias Ambientais pela Universidade de São Paulo (USP).

Foi colunista de sustentabilidade do G1, o portal de notícias da Globo. Escritora do livro Questão de Pele: A Terra como organismo vivo e da Coleção Jatobá para Ecoalfabetização, comanda o portal www.universojatoba.com.br, sobre assuntos relacionados à sustentabilidade, e é apresentadora da Rádio Globo com dois programas: Globo Natureza (biodiversidade e consumo consciente); Redação Globo (noticiário diário).

Conquistou o Prêmio Comunique-se, em 2013, 2016 e 2018, como Melhor Jornalista de Sustentabilidade do Brasil, e o Prêmio Chico Mendes de Personalidade Socioambiental do ano de 2014.

**Rafael Loschiavo Miranda** é arquiteto especializado em sustentabilidade. Com experiência profissional em diferentes áreas da construção sustentável na Catalunha e em São Paulo, Rafael está à frente da Ecoeficientes, um escritório de arquitetura especializado em construção sustentável que oferece a seus clientes um conhecimento multidisciplinar, adquirido em 15 anos de experiências e pesquisas, juntando as melhores técnicas e fornecedores do mercado nacional.

Formado como arquiteto urbanista (FAAP, 2006), é mestre em Bioclimática (Universidade Politécnica da Catalunya, 2008) e técnico em Bioconstrução (TIBÁ, 2011). Ele é projetista em Energia Fotovoltaica (NEOSOLAR, 2012), Aproveitamento de Água da Chuva (H2O Inovattion, 2015), Softwares de Análises Climáticas (ETRIA — IES, 2015) e Agricultura Urbana (NOOCITY, 2015).

Além da Ecoeficientes, também é fundador das empresas ecoBeco, ecoMódulo e cofundador da Noocity Brasil.

# Dedicatória

Dedico este livro aos meus grandes amores: Benjamin e Lara, meus filhos, que enchem minha vida de cor e contentamento, a quem devoto meu amor infinito e o desejo de que eles façam a diferença no mundo.

*Rosana Jatobá*

As soluções para um futuro já existem todas, o que precisamos é utilizar e ensinar a utilizar.

Dedico este livro a todos os produtores de conteúdo de sustentabilidade. Estou certo de que nossos sucessores colherão frutos do nosso tão importante trabalho, assim como nós colhemos frutos do trabalho de tanta gente boa que já se dedicou ao tema. Obrigado a todos por compartilharem seu conhecimento!

*Rafael Loschiavo Miranda*

# Agradecimentos dos Autores

Agradeço ao amigo e jornalista Zallo Comucci, pela oportunidade de escrever e falar sobre biodiversidade e consumo consciente no Sistema Globo de Rádio, onde plantei a semente deste projeto. Ao amigo e editor Marco Pace, por ter irrigado o terreno com suas ideias criativas. Agradeço ao amigo e arquiteto Rafael Loschiavo, por ter fincado as raízes, apontado a linha mestra da minha pesquisa.

*Rosana Jatobá*

Gratidão a todos que me apoiam diariamente a manter em chamas o sonho de trabalhar levando sustentabilidade à vida das pessoas. Em especial, à minha mãe Christina, meu pai Augusto, minha companheira Verónica e meus irmãos Luiz e Renato.

Agradeço também profundamente a confiança da amiga Rosana Jatobá e da equipe da Editora Alta Books durante toda a longa produção dessa obra.

*Rafael Loschiavo Miranda*

# Sumário Resumido

**Introdução** . . . . . . . . . . . . . . . . . . . . . . . . . . . . . . . . . . . . . . . . . . . . . . . . .1

## Parte 1: Por que e Como Cuidar da Água . . . . . . . . . . . . . . .9

**CAPÍTULO 1:** A Importância e Disponibilidade de Água Potável . . . . . . . . . . . . . . . . 11

**CAPÍTULO 2:** Quem Gasta Mais Água?. . . . . . . . . . . . . . . . . . . . . . . . . . . . . . . . . 25

**CAPÍTULO 3:** Reduzindo o Consumo em Casa. . . . . . . . . . . . . . . . . . . . . . . . . . . . . 31

**CAPÍTULO 4:** A Água da Chuva . . . . . . . . . . . . . . . . . . . . . . . . . . . . . . . . . . . . . . 49

**CAPÍTULO 5:** Poluição e Tratamentos de Água . . . . . . . . . . . . . . . . . . . . . . . . . . . 55

## Parte 2: Consumo Consciente . . . . . . . . . . . . . . . . . . . . . . .69

**CAPÍTULO 6:** A Situação Mundial do Consumo . . . . . . . . . . . . . . . . . . . . . . . . . . . 71

**CAPÍTULO 7:** Como Ser um Consumidor Responsável . . . . . . . . . . . . . . . . . . . . . . 77

**CAPÍTULO 8:** Maquiagem Verde . . . . . . . . . . . . . . . . . . . . . . . . . . . . . . . . . . . . . 81

**CAPÍTULO 9:** Selos Verdes . . . . . . . . . . . . . . . . . . . . . . . . . . . . . . . . . . . . . . . . . 85

**CAPÍTULO 10:** Materiais de Construção. . . . . . . . . . . . . . . . . . . . . . . . . . . . . . . . . 89

**CAPÍTULO 11:** Sustentabilidade Dentro de Casa . . . . . . . . . . . . . . . . . . . . . . . . . . 97

**CAPÍTULO 12:** Supermercado . . . . . . . . . . . . . . . . . . . . . . . . . . . . . . . . . . . . . . . 117

## Parte 3: Uso de Energia . . . . . . . . . . . . . . . . . . . . . . . . . . .121

**CAPÍTULO 13:** Das Profundezas da Terra aos Raios Solares: Situação
Mundial do Consumo de Energia . . . . . . . . . . . . . . . . . . . . . . . . . . . . 123

**CAPÍTULO 14:** Tipos de Energia Renovável . . . . . . . . . . . . . . . . . . . . . . . . . . . . . . 125

**CAPÍTULO 15:** Smart Grid . . . . . . . . . . . . . . . . . . . . . . . . . . . . . . . . . . . . . . . . . . 129

**CAPÍTULO 16:** Automação na Tecnologia . . . . . . . . . . . . . . . . . . . . . . . . . . . . . . . 131

**CAPÍTULO 17:** LED . . . . . . . . . . . . . . . . . . . . . . . . . . . . . . . . . . . . . . . . . . . . . . 135

**CAPÍTULO 18:** Eletrodomésticos . . . . . . . . . . . . . . . . . . . . . . . . . . . . . . . . . . . . . 139

## Parte 4: Permacultura Urbana . . . . . . . . . . . . . . . . . . . . . .143

**CAPITULO 19:** O que É Permacultura . . . . . . . . . . . . . . . . . . . . . . . . . . . . . . . . . . 145

**CAPÍTULO 20:** Reconstrução do Ecossistema Perdido. . . . . . . . . . . . . . . . . . . . . . . 151

**CAPÍTULO 21:** Alimentação. . . . . . . . . . . . . . . . . . . . . . . . . . . . . . . . . . . . . . . . . . 155

**CAPÍTULO 22:** Horta Urbana . . . . . . . . . . . . . . . . . . . . . . . . . . . . . . . . . . . . . . . . 173

**CAPÍTULO 23:** Compostagem. . . . . . . . . . . . . . . . . . . . . . . . . . . . . . . . . . . . . . . . 181

## Parte 5: Ambientes Saudáveis. . . . . . . . . . . . . . . . . . . . . . .185

**CAPÍTULO 24:** Ventilação Natural . . . . . . . . . . . . . . . . . . . . . . . . . . . . . . . . . . . . . 187

**CAPÍTULO 25:** Poluição . . . . . . . . . . . . . . . . . . . . . . . . . . . . . . . . . . . . . . . . . . . . 191

**CAPÍTULO 26:** Iluminado . . . . . . . . . . . . . . . . . . . . . . . . . . . . . . . . . . . . . . . . . . . 201

**CAPÍTULO 27:** Mobilidade Urbana . . . . . . . . . . . . . . . . . . . . . . . . . . . . . . . . . . . . 205

# Sumário

INTRODUÇÃO . . . . . . . . . . . . . . . . . . . . . . . . . . . . . . . . . . . . . . . . . . . 1
  Sobre Este Livro. . . . . . . . . . . . . . . . . . . . . . . . . . . . . . . . . . . . . . . . 4
  Convenções Usadas Neste Livro . . . . . . . . . . . . . . . . . . . . . . . . . . . 6
  Como Este Livro Está Organizado . . . . . . . . . . . . . . . . . . . . . . . . . 6
    Parte 1: Por que e Como Cuidar da Água. . . . . . . . . . . . . . . . . 6
    Parte 2: Consumo Consciente . . . . . . . . . . . . . . . . . . . . . . . . . 6
    Parte 3: Uso de Energia . . . . . . . . . . . . . . . . . . . . . . . . . . . . . . 6
    Parte 4: Permacultura Urbana . . . . . . . . . . . . . . . . . . . . . . . . 7
    Parte 5: Ambientes Saudáveis . . . . . . . . . . . . . . . . . . . . . . . . 7
  Ícones Usados Neste Livro . . . . . . . . . . . . . . . . . . . . . . . . . . . . . . 7
  De Lá para Cá, Daqui para Lá . . . . . . . . . . . . . . . . . . . . . . . . . . . . 8

PARTE 1: POR QUE E COMO CUIDAR DA ÁGUA. . . . . . . . . . . 9

CAPÍTULO 1: **A Importância e Disponibilidade
de Água Potável**. . . . . . . . . . . . . . . . . . . . . . . . . . . . 11
  A Importância da Água . . . . . . . . . . . . . . . . . . . . . . . . . . . . . . . . 12
  Quais as Principais Funções da Água em Nosso Corpo. . . . . . . . . 12
    Copo, garrafa ou galão?. . . . . . . . . . . . . . . . . . . . . . . . . . . . . 13
    Imagem não é nada. Sede é tudo! . . . . . . . . . . . . . . . . . . . . 13
  Água Mineral . . . . . . . . . . . . . . . . . . . . . . . . . . . . . . . . . . . . . . . 14
  Qual É a *Água* Mais *Saudável*?. . . . . . . . . . . . . . . . . . . . . . . . . 16
  Água Alcalina . . . . . . . . . . . . . . . . . . . . . . . . . . . . . . . . . . . . . . . 16
  Como Está Distribuída a Água no Planeta . . . . . . . . . . . . . . . . . . 17
  Ciclo da Água . . . . . . . . . . . . . . . . . . . . . . . . . . . . . . . . . . . . . . . 18
  Crise Hídrica Mundial . . . . . . . . . . . . . . . . . . . . . . . . . . . . . . . . . 19
    Água impura. . . . . . . . . . . . . . . . . . . . . . . . . . . . . . . . . . . . . 19
    Por água abaixo. . . . . . . . . . . . . . . . . . . . . . . . . . . . . . . . . . . 20
    Enxurrada química . . . . . . . . . . . . . . . . . . . . . . . . . . . . . . . . 20
    Escassez . . . . . . . . . . . . . . . . . . . . . . . . . . . . . . . . . . . . . . . . 20
    O mapa da seca. . . . . . . . . . . . . . . . . . . . . . . . . . . . . . . . . . 21
  Brasil: Potência Hídrica . . . . . . . . . . . . . . . . . . . . . . . . . . . . . . . . 22
  Mercado da Água . . . . . . . . . . . . . . . . . . . . . . . . . . . . . . . . . . . . 23
  Dessalinização . . . . . . . . . . . . . . . . . . . . . . . . . . . . . . . . . . . . . . 24

**CAPÍTULO 2: Quem Gasta Mais Água?** .............................. 25

Consumo *Per Capita* nos Países ............................. 27

Consumo nas Atividades Econômicas ......................... 28

Desperdício ............................................ 30

Pegada Hídrica .......................................... 31

**CAPÍTULO 3: Reduzindo o Consumo em Casa** ................... 33

Combatendo a Cultura do Desperdício ...................... 34

Vaso Sanitário, o Maior Vilão Doméstico ................... 34

O vaso econômico ..................................... 34

Reduza a quantidade de água de sua caixa acoplada ........ 35

De olho na válvula .................................... 36

O vaso sanitário ideal ................................. 36

Banheiro seco ........................................ 37

Vaso não é lixeira .................................... 38

Sistemas que Utilizam Água da Pia na Descarga ............. 39

Novos Hábitos com as Torneiras ........................... 40

Atitudes para Reduzir o Consumo .......................... 40

Fechando a torneira ................................... 40

Arejadores ........................................... 41

Restritores de vazão .................................. 41

Prefira torneiras únicas ............................... 41

Acionamento automático no banheiro ..................... 41

Truques pra lavar louça ............................... 41

Na máquina de lavar louça ............................. 42

Na máquina de lavar roupas ............................ 42

No tanque ........................................... 43

No jardim ............................................ 43

Na calçada ou no quintal .............................. 44

Na piscina ........................................... 44

Na lavagem do carro .................................. 45

Como Tomar Banho de Maneira Sustentável ................. 45

Banheira sustentável .................................. 49

**CAPÍTULO 4: A Água da Chuva** ............................... 51

Características da Água da Chuva .......................... 52

Como Captar a Água da Chuva? ............................ 53

Como Escolher Sua Cisterna .............................. 54

Três passos para calcular corretamente sua cisterna ........ 54

**CAPÍTULO 5: Poluição e Tratamentos de Água** .................... 57

Como Poluímos a Água? ........................................ 57

Tipos de Poluentes da Água ................................... 58

Principais Fontes de Poluição Hídrica ......................... 58

    Esgoto doméstico ......................................... 58

Poluição Atmosférica .......................................... 60

    Resíduos industriais ..................................... 61

    Mineração ................................................ 63

    Agricultura .............................................. 63

    Erosão ................................................... 64

    Reúso de água ............................................ 64

Soluções de Combate à Escassez de Água pelo Mundo ......... 65

    Inglaterra ............................................... 65

    Austrália ................................................ 66

    Namíbia .................................................. 67

    Estados Unidos ........................................... 67

    Israel ................................................... 68

## PARTE 2: CONSUMO CONSCIENTE ..................... 71

**CAPÍTULO 6: A Situação Mundial do Consumo** ................ 73

Qual É a Perspectiva para as Próximas Décadas? ............. 74

Por que Consumimos? ........................................... 74

    Herança histórica ........................................ 74

    Propaganda ............................................... 75

    Obsolescência programada ................................. 76

    Obsolescência percebida .................................. 76

Mas de Onde as Coisas Vêm e para Onde Vão? ................. 76

    Quem paga o custo disso? ................................. 77

    Para onde vai nosso lixo? ................................ 77

**CAPÍTULO 7: Como Ser um Consumidor Responsável** ......... 79

    A Saída É Parar de Consumir? ............................. 79

**CAPÍTULO 8: Maquiagem Verde** ............................... 83

Os Sete Pecados das Empresas "Maquiadas" de Verde ........... 84

    Pecado do custo ambiental camuflado ...................... 84

    Pecado da falta de prova ................................. 84

    Pecado da incerteza ...................................... 84

    Pecado do culto a falsos rótulos ......................... 84

    Pecado da irrelevância ................................... 85

    Pecado do "menos pior" ................................... 85

    Pecado da mentira ........................................ 85

**CAPÍTULO 9: Selos Verdes** . . . . . . . . . . . . . . . . . . . . . . . . . . . . . . . . . . . . . . . . . . 87

FSC (Forest Stewardship Council) . . . . . . . . . . . . . . . . . . . . . . . . . . . . . . 88

IBD (Instituto Biodinâmico) . . . . . . . . . . . . . . . . . . . . . . . . . . . . . . . . . . . 88

Procel. . . . . . . . . . . . . . . . . . . . . . . . . . . . . . . . . . . . . . . . . . . . . . . . . . . . . . 88

ISO 14001 . . . . . . . . . . . . . . . . . . . . . . . . . . . . . . . . . . . . . . . . . . . . . . . . . . 89

LEED (Liderança em Energia e Design Ambiental) . . . . . . . . . . . . . . 89

Rainforest Alliance Certified. . . . . . . . . . . . . . . . . . . . . . . . . . . . . . . . . . . 89

ECOCERT. . . . . . . . . . . . . . . . . . . . . . . . . . . . . . . . . . . . . . . . . . . . . . . . . . . 90

**CAPÍTULO 10: Materiais de Construção** . . . . . . . . . . . . . . . . . . . . . . . . . . . 91

O que São Materiais Ecoeficientes? . . . . . . . . . . . . . . . . . . . . . . . . . . . . 92

Ecoplacas . . . . . . . . . . . . . . . . . . . . . . . . . . . . . . . . . . . . . . . . . . . . 93

Tinta mineral . . . . . . . . . . . . . . . . . . . . . . . . . . . . . . . . . . . . . . . . . 94

Madeira. . . . . . . . . . . . . . . . . . . . . . . . . . . . . . . . . . . . . . . . . . . . . . 95

Painéis de Madeira . . . . . . . . . . . . . . . . . . . . . . . . . . . . . . . . . . . . . . . . . . 97

Escolha do Piso . . . . . . . . . . . . . . . . . . . . . . . . . . . . . . . . . . . . . . . . . . . . . 97

Revestimento de Parede . . . . . . . . . . . . . . . . . . . . . . . . . . . . . . . . . . . . . 98

Ladrilho hidráulico . . . . . . . . . . . . . . . . . . . . . . . . . . . . . . . . . . . . 98

Madeira de demolição . . . . . . . . . . . . . . . . . . . . . . . . . . . . . . . . . 98

Pastilhas de garrafa PET. . . . . . . . . . . . . . . . . . . . . . . . . . . . . . . . 98

Pastilhas de coco. . . . . . . . . . . . . . . . . . . . . . . . . . . . . . . . . . . . . . 98

Revestimentos à base de resina. . . . . . . . . . . . . . . . . . . . . . . . . . 98

**CAPÍTULO 11: Sustentabilidade Dentro de Casa** . . . . . . . . . . . . . . . . . . 99

Cozinha . . . . . . . . . . . . . . . . . . . . . . . . . . . . . . . . . . . . . . . . . . . . . . . . . . . 100

Escolha de armários. . . . . . . . . . . . . . . . . . . . . . . . . . . . . . . . . . . 100

Utensílios . . . . . . . . . . . . . . . . . . . . . . . . . . . . . . . . . . . . . . . . . . . 100

Eletrodomésticos . . . . . . . . . . . . . . . . . . . . . . . . . . . . . . . . . . . . . 101

O lixo proveniente da cozinha . . . . . . . . . . . . . . . . . . . . . . . . . . 103

Área de Serviço . . . . . . . . . . . . . . . . . . . . . . . . . . . . . . . . . . . . . . . . . . . . 104

Banheiro . . . . . . . . . . . . . . . . . . . . . . . . . . . . . . . . . . . . . . . . . . . . . . . . . . 105

Tudo começa pela atitude... . . . . . . . . . . . . . . . . . . . . . . . . . . . . 105

Ser limpo e sustentável: O melhor dos dois mundos. . . . . . . . 106

Duas lixeiras. . . . . . . . . . . . . . . . . . . . . . . . . . . . . . . . . . . . . . . . . . 106

Luminárias de LED . . . . . . . . . . . . . . . . . . . . . . . . . . . . . . . . . . . . 107

Claraboia. . . . . . . . . . . . . . . . . . . . . . . . . . . . . . . . . . . . . . . . . . . . . 107

Banheira sustentável . . . . . . . . . . . . . . . . . . . . . . . . . . . . . . . . . . 107

Para ficar limpinho e cheiroso . . . . . . . . . . . . . . . . . . . . . . . . . . 108

Evitando os parabenos . . . . . . . . . . . . . . . . . . . . . . . . . . . . . . . . 109

Alquimia caseira . . . . . . . . . . . . . . . . . . . . . . . . . . . . . . . . . . . . . . 111

xiv    Atitudes Sustentáveis Para Leigos

Vestuário . . . . . . . . . . . . . . . . . . . . . . . . . . . . . . . . . . . . . . . . 116

    Orgânico . . . . . . . . . . . . . . . . . . . . . . . . . . . . . . . . . . . . 116

    Tecnologia . . . . . . . . . . . . . . . . . . . . . . . . . . . . . . . . . . . 117

    Fast Fashion . . . . . . . . . . . . . . . . . . . . . . . . . . . . . . . . . . 118

**CAPÍTULO 12: Supermercado** . . . . . . . . . . . . . . . . . . . . . . . . . . . . . 119

Faça uma Lista de Compras . . . . . . . . . . . . . . . . . . . . . . . . 119

Se Alimente Antes de Ir ao Supermercado. . . . . . . . . . . . . . . 120

Evite as Compras de Mês. . . . . . . . . . . . . . . . . . . . . . . . . . . 120

Faça o Supermercado pela Internet . . . . . . . . . . . . . . . . . . . 120

Compre a Granel. . . . . . . . . . . . . . . . . . . . . . . . . . . . . . . . . 120

Prefira Alimentos Sazonais, Orgânicos e Locais. . . . . . . . . . . 121

Não Compre Produtos de Empresas Irresponsáveis . . . . . . . . 121

Não Manipule Alimentos na Hora da Escolha . . . . . . . . . . . . 122

Recuse Sacolas Plásticas . . . . . . . . . . . . . . . . . . . . . . . . . . . 122

Cozinhe em Quantidade e Congele . . . . . . . . . . . . . . . . . . . . 122

## PARTE 3: USO DE ENERGIA . . . . . . . . . . . . . . . . . . . . . . . . . . . 123

**CAPÍTULO 13: Das Profundezas da Terra aos Raios Solares: Situação Mundial do Consumo de Energia** . . . . . 125

**CAPÍTULO 14: Tipos de Energia Renovável** . . . . . . . . . . . . . . . . . . 127

Tipos de Energias Limpas Existentes. . . . . . . . . . . . . . . . . . . 128

    Solar. . . . . . . . . . . . . . . . . . . . . . . . . . . . . . . . . . . . . . . 128

    Eólica . . . . . . . . . . . . . . . . . . . . . . . . . . . . . . . . . . . . . . 129

    Maremotriz. . . . . . . . . . . . . . . . . . . . . . . . . . . . . . . . . . 129

    Energia geotérmica. . . . . . . . . . . . . . . . . . . . . . . . . . . . 129

    Energia hidráulica . . . . . . . . . . . . . . . . . . . . . . . . . . . . . 129

    Energia nuclear . . . . . . . . . . . . . . . . . . . . . . . . . . . . . . 130

    Biocombustíveis . . . . . . . . . . . . . . . . . . . . . . . . . . . . . . 130

    Biogás . . . . . . . . . . . . . . . . . . . . . . . . . . . . . . . . . . . . . 130

**CAPÍTULO 15: Smart Grid** . . . . . . . . . . . . . . . . . . . . . . . . . . . . . . 131

**CAPÍTULO 16: Automação na Tecnologia** . . . . . . . . . . . . . . . . . . . 133

Mas, Afinal, o que É a Tecnologia Sustentável? . . . . . . . . . . . 134

A Inovação para a Sustentabilidade. . . . . . . . . . . . . . . . . . . . 135

**CAPÍTULO 17: LED** . . . . . . . . . . . . . . . . . . . . . . . . . . . . . . . . . . . 137

Diversão com Luzes e Cores . . . . . . . . . . . . . . . . . . . . . . . . . 138

    Economizando energia . . . . . . . . . . . . . . . . . . . . . . . . . 138

**CAPÍTULO 18: Eletrodomésticos** . . . . . . . . . . . . . . . . . . . . . . . . . . . . . . . . . . . 141

    Lareira . . . . . . . . . . . . . . . . . . . . . . . . . . . . . . . . . . . . . . . . . . . . . . . . . . 142

    Geladeira . . . . . . . . . . . . . . . . . . . . . . . . . . . . . . . . . . . . . . . . . . . . . . . . 142

    Fogão . . . . . . . . . . . . . . . . . . . . . . . . . . . . . . . . . . . . . . . . . . . . . . . . . . . 143

    Forno Micro-ondas . . . . . . . . . . . . . . . . . . . . . . . . . . . . . . . . . . . . . . . 143

    Selos e Certificados Ecológicos . . . . . . . . . . . . . . . . . . . . . . . . . . . . 144

## PARTE 4: PERMACULTURA URBANA . . . . . . . . . . . . . . . . . . . . . 145

**CAPITULO 19: O que É Permacultura** . . . . . . . . . . . . . . . . . . . . . . . . . . 147

    Permacultura na Agricultura . . . . . . . . . . . . . . . . . . . . . . . . . . . . . . 149

    Onde se Desenvolve a Permacultura no Brasil . . . . . . . . . . . . . . . 149

    Os Doze Princípios da Permacultura . . . . . . . . . . . . . . . . . . . . . . . 151

**CAPÍTULO 20: Reconstrução do Ecossistema Perdido** . . . . . . . . . 153

    Os Campeões do Verde . . . . . . . . . . . . . . . . . . . . . . . . . . . . . . . . . . . 154

        A importância de plantar árvores nativas . . . . . . . . . . . . . . . . 155

        Os perigos de plantar árvores exóticas . . . . . . . . . . . . . . . . . . 156

**CAPÍTULO 21: Alimentação** . . . . . . . . . . . . . . . . . . . . . . . . . . . . . . . . . . . . 157

    Danos Ambientais da Produção de Alimentos . . . . . . . . . . . . . . . 157

    Crise Mundial na Produção de Alimentos . . . . . . . . . . . . . . . . . . . 160

    O Mito da Escassez de Alimentos . . . . . . . . . . . . . . . . . . . . . . . . . . 161

        Soluções . . . . . . . . . . . . . . . . . . . . . . . . . . . . . . . . . . . . . . . . . . . . 161

        Iniciativa privada . . . . . . . . . . . . . . . . . . . . . . . . . . . . . . . . . . . . . 163

        ONGs . . . . . . . . . . . . . . . . . . . . . . . . . . . . . . . . . . . . . . . . . . . . . . . 163

        Legislação . . . . . . . . . . . . . . . . . . . . . . . . . . . . . . . . . . . . . . . . . . . 164

        Slow Food . . . . . . . . . . . . . . . . . . . . . . . . . . . . . . . . . . . . . . . . . . . 167

    Alimentos Cultivados Localmente . . . . . . . . . . . . . . . . . . . . . . . . . 167

        Alimentos orgânicos . . . . . . . . . . . . . . . . . . . . . . . . . . . . . . . . . . 168

        Como identificar um produto orgânico . . . . . . . . . . . . . . . . . . 169

**CAPÍTULO 22: Horta Urbana** . . . . . . . . . . . . . . . . . . . . . . . . . . . . . . . . . . 175

    Benefícios das Hortas Urbanas . . . . . . . . . . . . . . . . . . . . . . . . . . . . 176

    Hortelões Urbanos . . . . . . . . . . . . . . . . . . . . . . . . . . . . . . . . . . . . . . 176

    Horta no Telhado do Shopping . . . . . . . . . . . . . . . . . . . . . . . . . . . . 177

    ONG Cidades sem Fome . . . . . . . . . . . . . . . . . . . . . . . . . . . . . . . . . . 177

    Inspiração Internacional . . . . . . . . . . . . . . . . . . . . . . . . . . . . . . . . . 177

        Food is Free . . . . . . . . . . . . . . . . . . . . . . . . . . . . . . . . . . . . . . . . . 177

        Departamento de Agricultura Urbana de Cuba . . . . . . . . . . . 177

        Planos de agricultura urbana . . . . . . . . . . . . . . . . . . . . . . . . . . 178

    Cartilha . . . . . . . . . . . . . . . . . . . . . . . . . . . . . . . . . . . . . . . . . . . . . . . . 178

Fazendas Verticais. . . . . . . . . . . . . . . . . . . . . . . . . . . . . . . . . . . . . .178

    Dragonfly . . . . . . . . . . . . . . . . . . . . . . . . . . . . . . . . . . . . . . . .179

    Plantagon, Suécia . . . . . . . . . . . . . . . . . . . . . . . . . . . . . . . . .179

    Fazenda vertical de Shenzen, China . . . . . . . . . . . . . . . . . .179

    Urbanana, Paris. . . . . . . . . . . . . . . . . . . . . . . . . . . . . . . . . . .180

    Pyramid Farm. . . . . . . . . . . . . . . . . . . . . . . . . . . . . . . . . . . .180

    "Fazenda de energia", Boston . . . . . . . . . . . . . . . . . . . . . . .180

    Dyv-Net, China . . . . . . . . . . . . . . . . . . . . . . . . . . . . . . . . . . .181

    Meio prédio, meio fazenda na Califórnia . . . . . . . . . . . . . .181

    Horta elevada, Londres . . . . . . . . . . . . . . . . . . . . . . . . . . . .181

    Agricultura no Aeroponic. . . . . . . . . . . . . . . . . . . . . . . . . . .181

    Agricultura 2.0 . . . . . . . . . . . . . . . . . . . . . . . . . . . . . . . . . . .181

**CAPÍTULO 23: Compostagem** . . . . . . . . . . . . . . . . . . . . . . . . . . . . .183

    O que É . . . . . . . . . . . . . . . . . . . . . . . . . . . . . . . . . . . . . . . . . .183

    Benefícios . . . . . . . . . . . . . . . . . . . . . . . . . . . . . . . . . . . . . . . .184

## PARTE 5: AMBIENTES SAUDÁVEIS . . . . . . . . . . . . . . . . . . . . . .187

**CAPÍTULO 24: Ventilação Natural**. . . . . . . . . . . . . . . . . . . . . . . . .189

    Tipos de Sistemas de Ventilação Natural . . . . . . . . . . . . . . .190

    Tipos de Fatores e Mecanismos Construtivos

     da Ventilação Natural. . . . . . . . . . . . . . . . . . . . . . . . . . . . . .190

    Como o Ambiente o Deixa Doente. . . . . . . . . . . . . . . . . . . .191

**CAPÍTULO 25: Poluição** . . . . . . . . . . . . . . . . . . . . . . . . . . . . . . . . . .193

    Poluição do Ar . . . . . . . . . . . . . . . . . . . . . . . . . . . . . . . . . . . .194

      Monitoramento . . . . . . . . . . . . . . . . . . . . . . . . . . . . . . . . . .194

      O mito da poluição . . . . . . . . . . . . . . . . . . . . . . . . . . . . . . .194

      De onde vêm os poluentes . . . . . . . . . . . . . . . . . . . . . . . . .195

      Purificando . . . . . . . . . . . . . . . . . . . . . . . . . . . . . . . . . . . . .196

      Plantas purificadoras de ar . . . . . . . . . . . . . . . . . . . . . . . . .196

      Quadro feng shui . . . . . . . . . . . . . . . . . . . . . . . . . . . . . . . .197

    Poluição Visual . . . . . . . . . . . . . . . . . . . . . . . . . . . . . . . . . . . .198

      Na cidade . . . . . . . . . . . . . . . . . . . . . . . . . . . . . . . . . . . . . .198

      Em casa . . . . . . . . . . . . . . . . . . . . . . . . . . . . . . . . . . . . . . .198

    Poluição Sonora. . . . . . . . . . . . . . . . . . . . . . . . . . . . . . . . . . .199

      Dentro de casa . . . . . . . . . . . . . . . . . . . . . . . . . . . . . . . . . .200

**CAPÍTULO 26: Iluminado** . . . . . . . . . . . . . . . . . . . . . . . . . . . . . . . .203

    Dicas Iluminadas . . . . . . . . . . . . . . . . . . . . . . . . . . . . . . . . . .203

    Vidros Bloqueadores . . . . . . . . . . . . . . . . . . . . . . . . . . . . . . .204

    Lajes Solares . . . . . . . . . . . . . . . . . . . . . . . . . . . . . . . . . . . . .205

    Claraboia. . . . . . . . . . . . . . . . . . . . . . . . . . . . . . . . . . . . . . . . .205

      Iluminação artificial . . . . . . . . . . . . . . . . . . . . . . . . . . . . . . .205

CAPÍTULO 27: **Mobilidade Urbana** .................................207

O que Já Está Rolando... ...................................207

Avião ...........................................................208

    Números. ...................................................208

    Poluição do ar .............................................208

Avanços .......................................................209

    Avanço tecnológico. ......................................209

    Aeroportos sustentáveis .................................210

    Responsabilidade do Estado. .............................210

    Pegada de carbono ......................................211

Carros .........................................................211

    Acelerando. ...............................................211

    Custo socioambiental. ....................................212

    Motorista consciente .....................................212

    Responsabilidade do Estado ..............................214

    Carros verdes. ............................................214

    Quem inventou o carro elétrico? .........................215

    Componentes sustentáveis: Materiais usados para
      substituir o aço e os derivados de petróleo
      na produção dos veículos. ...............................216

    Produção de água potável pelo ar-condicionado ...........217

Bicicleta .......................................................218

    Saúde ....................................................218

    Meio de transporte. ......................................218

    Iniciativas de incentivo ...................................218

    Aluguel de bicicletas .....................................218

    Ciclovias .................................................219

    Iniciativas criativas .......................................220

Ônibus. .......................................................221

    Ônibus verdes ...........................................222

# Introdução

Se você for procurar no dicionário a palavra "sustentável", verá que ela tem origem no latim *"sustentare"*, que significa sustentar, apoiar e conservar. Sustentabilidade é, então, dar suporte a alguma condição, a algo ou alguém.

Mas o conceito de sustentabilidade está normalmente relacionado a uma mentalidade, atitude ou estratégia que é ecologicamente correta — preocupada com o bom uso dos recursos naturais da Terra —, viável no âmbito econômico, socialmente justa e com uma diversificação cultural. Em resumo, é a manutenção da qualidade de vida em harmonia com o meio ambiente, em uma visão de longo prazo.

Com base nisso, surgiu a definição de desenvolvimento sustentável.

"Desenvolvimento sustentável é o que atende às necessidades das gerações do presente sem comprometer a capacidade das gerações futuras de atender às suas próprias necessidades. Dois conceitos são inerentes ao desenvolvimento sustentável: o conceito de 'necessidades', especialmente as necessidades básicas dos mais desprovidos, que devem ser as mais prioritárias, e a ideia que o estado de nossas técnicas e de nossa organização social impõe sobre a capacidade do ambiente de responder às necessidades atuais e futuras." (Definição do *Relatório Brundtland*)

O desafio da humanidade é preservar seu padrão de vida e manter o desenvolvimento tecnológico sem exaurir os recursos naturais do planeta.

Atualmente a sustentabilidade virou um tema essencial e que já faz parte do cotidiano em todas as esferas. Na economia, por exemplo, já há diversos serviços e produtos com esse conceito, como carros, prédios, empreendimentos e até mesmo roupas.

É um conceito muito explorado pelas empresas para mostrar que o produto foi fabricado sem exploração de mão de obra escrava ou infantil e sem danos ao meio ambiente, sendo classificado como ecologicamente correto, não poluente e socialmente justo.

Em outras palavras...

Digamos que um amigo de infância resolve emprestar-lhe sua linda propriedade em uma praia paradisíaca da Bahia, a fim de que você desfrute do feriado prolongado com a família. Você pula de alegria, começa a planejar a viagem e faz uma série de recomendações aos filhos para que eles não façam bagunça, barulho, sujeira, não danifiquem nenhum móvel ou objeto, nem desperdicem água ou energia elétrica. A meta é fazer parecer depois que ninguém esteve ali naqueles quatro dias de feriadão. Tudo para que as portas do paraíso se mantenham sempre abertas. Certo? Claro! A gratidão e o desejo de repetir a dose e de prolongar a amizade selam o compromisso com a preservação do bem.

Esse mesmo raciocínio se aplica quando se fala em sustentabilidade. A diferença é que a tal casa se chama planeta Terra. Sustentabilidade significa deixar para as futuras gerações condições ambientais que permitam à humanidade seguir existindo.

Mas de tão maltratado por quem já se "hospedou" e se "hospeda" por aqui, ele, o planeta Terra, corre o risco de se tornar um mausoléu! Poderíamos listar dezenas de exemplos do caos socioambiental em que nos encontramos: a crise da água, o terror da poluição dos mares, lagos, rios, solos e ar, a perda da biodiversidade e seus preciosos serviços ambientais, o clima cada vez mais louco e furioso, o nível do mar a ameaçar as cidades costeiras, a fome que flagela um bilhão de indivíduos, o envenenamento dos alimentos, as guerras civis etc. Em pouco tempo imprimimos um ritmo de produção e consumo dos recursos naturais muito mais veloz que a capacidade da natureza de reposição desses recursos. Um dia eles se esgotam. A saída é a transformação do atual modelo de desenvolvimento econômico, em descompasso com o meio ambiente, que nos expõe aos cataclismos e põe em risco as próximas gerações. E essa mudança no macro depende de um forte ajuste em nosso estilo de vida. Sim! Também somos corresponsáveis pelos problemas sociais e ambientais.

E não dá mais para protelar. O comportamento de cada um é o que determinará o sucesso dessa gigantesca e mais difícil empreitada de todos os tempos: sobreviver em um planeta que está no limite e recriar sociedades com menos abismos entre os povos, para os que estão aqui agora e para os que virão.

Só com informação e engajamento seremos capazes de acelerar rumo a um modelo de economia mais verde. Não é que vamos parar de consumir ou que viveremos de tanga no mato, mas teremos que repensar nossas escolhas para consumir e lucrar de forma mais consciente e igualitária.

Então, quando você for propagar as boas-novas da sustentabilidade por aí e perceber que alguns ainda torcem o nariz chamando-o de ecochato ou biodesagradável, respire fundo e não desista de convencer esse alguém a entrar para o nosso time. Somente o diálogo e a troca de ideias são capazes de transformar nosso estilo de vida.

Um bom argumento é este velho provérbio indígena: "Não temos este mundo como herança de nossos pais, mas emprestado a nossos filhos."

Como você quer deixar nossa casa para seus bisnetos?

Vivemos tempos difíceis, que tendem a piorar. A Terra está no limite, e as sociedades vivem com profundos conflitos, são desiguais e doentes. Veja alguns dos graves problemas que enfrentamos.

**1.** **FOME** — Um bilhão de famintos. Uma em cada sete pessoas passa fome, o número mais alto desde o final da Segunda Guerra Mundial. São quase 25 mil pessoas que morrem de fome todos os dias, o equivalente a uma morte a cada três segundos.

**2.** **DESNUTRIÇÃO** — Cerca de 2 bilhões de pessoas desnutridas (a chamada fome oculta), que sofrem com a falta de nutrientes como a vitamina A, zinco e ferro. Apesar de consumirem calorias suficientes para se sentirem satisfeitas, sua dieta é pobre em vitaminas e minerais importantes, o que pode resultar em cegueira ou anemia, por exemplo. Aproximadamente 1,3 bilhão de pessoas no mundo estão acima do peso, além de 500 milhões de adultos e 42 milhões de crianças sofrendo de obesidade.

**3.** **FALTA DE ÁGUA** — Hoje, 780 milhões de pessoas ainda vivem sem acesso à água potável. E a pressão aumenta, pois o abastecimento mundial de alimentos depende da irrigação, que é o insumo que mais desperdiça água. A Organização das Nações Unidas (ONU) revela que aproximadamente 70% de toda a água disponível no mundo é utilizada para irrigação (no Brasil, esse índice chega a 72%). Hoje, 40% da população do planeta já sofre as consequências da falta de água.

**4.** **DEGRADAÇÃO DO SOLO** — A agricultura de larga escala destrói a biodiversidade e provoca o esgotamento do solo. A perda de biodiversidade e a destruição ambiental generalizada já afetam 23% do solo mundial. Mais de 849 milhões de hectares de terrenos naturais serão degradados até 2050, aponta o relatório do PNUMA (Programa das Nações Unidas para o Meio Ambiente).

**5.** **MUDANÇAS CLIMÁTICAS** — A temperatura média do planeta aumentou 1°C desde o fim do século XIX, e o nível do mar subiu cerca de 20 centímetros. Se o atual ritmo de emissão de gases causadores do efeito estufa se mantiver, os oceanos se elevarão, provavelmente, entre 50 e 130 centímetros até o final do século. A previsão é de um artigo de edição recente da publicação científica Proceedings, da Academia Americana de Ciências.

**6.** **DESMATAMENTO** — Mais da metade de todas as florestas do mundo já desapareceu por completo devido à ação humana. Um dos reflexos desse abuso é que muitas espécies animais e vegetais foram extintas. Estima-se que cerca de 27 mil espécies desapareçam a cada ano, muitas nem sequer descritas pela ciência.

**Introdução** 3

7. **POLUIÇÃO** — A poluição é a principal responsável pela degradação do ambiente. Isso porque os resíduos gerados e descartados pelas indústrias e pela própria população são os causadores de problemas como enchentes, chuva ácida, diminuição da biodiversidade, destruição da camada de ozônio, elevação da temperatura global e extinção de espécies.

   Além disso, a sujeira que polui rios e o ar está associada a diversas doenças alérgicas e infecciosas, bem como distúrbios hormonais, deficiências imunológicas, más-formações de órgãos, infertilidade e até o desenvolvimento de cânceres.

8. **PESCA PREDATÓRIA** — A sobrepesca ou pesca predatória — a pesca que reduz as populações de peixes além de sua capacidade de reprodução — é um problema global cada vez mais grave. Cerca de 70% das espécies de peixes dos mares estão sendo exploradas de forma insustentável que, além dos peixes, acaba com a biodiversidade no fundo dos oceanos.

   De 5 milhões de toneladas capturadas em 1900, o total saltou para 90 milhões em 1990. Em 2012 foram 93,2 milhões de toneladas, segundo a FAO.

# Sobre Este Livro

Já temos muitas soluções disponíveis. Temos que apoiar ações e atitudes no nível macro, cobrando dos governos, empresas e instituições um engajamento cada vez mais profundo em busca do caminho da sustentabilidade.

E começar já, no âmbito pessoal, a mudança que desejamos ver no mundo.

Nós podemos nos integrar ao meio ambiente, do qual fazemos parte, mas de quem estamos dissociados. Podemos restabelecer a conexão para tentar recuperar o que já foi impactado e conservar o que ainda resta em termos de recursos naturais. Temos que rever nossa relação de bicho predador que destrói os ecossistemas, satura o planeta de lixo e poluição e, assim, compromete a sobrevivência da espécie humana na Terra.

No nosso dia a dia, podemos integrar as forças naturais para atingir o conforto e utilizar materiais pensando em seu ciclo de vida. Sistemas tradicionais de antigas civilizações podem ser resgatados e aliados à tecnologia e à inovação.

Você pode e deve fazer parte desse movimento, que tornará nossas cidades um ambiente mais moderno, conectado com as principais tendências mundiais.

Fique tranquilo, já está acontecendo aqui! A transformação já chegou!

Nós propomos que você comece a fazer as mudanças e adaptações dentro de casa! Vamos economizar dinheiro com menos gastos mensais, ter o conforto em estar em um lugar natural e agradável, contribuir para minimizar o impacto socioambiental e, principalmente, deixar uma cidade mais saudável para nossos filhos.

Temos um plano de atitudes sustentáveis para introduzi-lo nesse novo cenário:

» Usar o máximo de materiais naturais e reciclados.

» Aproveitar o Sol para aquecer a casa e o vento para refrescá-la.

» Usar fontes alternativas para gerar energia.

» Captar a água da chuva e reutilizá-la em descargas, na irrigação e nas lavagens.

» Saber como utilizar as plantas para obter conforto visual, térmico e acústico, além dos frutos frescos e orgânicos.

» Cuidar do destino de todos os resíduos que produzimos ativa ou passivamente.

» Consumir menos e de forma consciente.

» Ensinar conceitos de sustentabilidade ao próximo.

Precisamos agora ampliar nossa consciência, influenciando familiares e amigos para juntos participarmos dessa necessária mudança global de paradigmas de produção, consumo e destruição.

E, sim, com essa mudança gastaremos menos e viveremos melhor. Muito melhor!

São atitudes que já estão mudando todo o cenário do mercado. Veja, por exemplo, o crescimento do mercado de orgânicos.

Quando as pessoas conhecem os benefícios, começam a adotar essas atitudes. Por isso, com este livro, buscamos apresentar algumas ações sustentáveis que estão transformando o mundo.

Seja com pequenas atitudes, como instalar um arejador na pia para diminuir a vazão e economizar água, ou algo maior, como um planejamento de construção focado em otimizar recursos naturais e eliminar o desperdício de materiais, é dentro do lar que começamos a implantar um estilo de vida sustentável. A casa é nosso maior e mais rico laboratório de experiências com o meio ambiente. É nela que aprendemos a consumir, gastar e explorar ou, ao contrário, reduzir, reaproveitar e reciclar. Se você olha para seu rastro, sua pegada dentro da residência, fica mais fácil levar um pouco dessa nova forma de estar no mundo para fora do portão. E isso depende do quão consciente e generoso você quer ser na vida. Na sua vida e na vida dos que vêm por aí. Estamos neste planeta de passagem, o tomamos emprestado de nossos filhos, então temos o dever de devolvê-lo preservado para que prolonguemos a aventura da espécie humana

Introdução    5

neste lindo palácio chamado planeta Terra. Devemos agir para salvaguardar nossa própria sobrevivência, garantindo que todos tenham acesso a alimentos, energia, água limpa e ao mundo natural.

# Convenções Usadas Neste Livro

Neste livro pretendemos mostrar que existem diversas maneiras, algumas simples e outras mais elaboradas, de transformar suas atitudes para respeitar a natureza, o próximo, e que, além disso, ajudam na contenção de gastos. Demonstramos também que aplicar os conceitos de sustentabilidade não significa eliminar seu conforto. Você pode, por exemplo, escolher uma ducha que misture água e ar para reduzir o consumo, sem ter a sensação desagradável de tomar um banho de pingos.

# Como Este Livro Está Organizado

Sustentabilidade é uma área muito abrangente, por isso organizamos o livro em cinco partes. Todas elas são importantes e complementares, mas você pode começar pelo assunto que tiver maior afinidade e desejo de conhecimento. A seguir, você tem uma breve explicação de cada uma delas.

## Parte 1: Por que e Como Cuidar da Água

Mostra a questão da água, o quanto é primordial em nosso cotidiano, e o que precisamos mudar em nossas ações para sermos mais conscientes em seu uso. Esse precioso recurso está ficando escasso, e o alto crescimento das indústrias e cidades trouxe poluição e desperdício dele.

## Parte 2: Consumo Consciente

A taxa de mortalidade da população mundial caiu, a expectativa de vida cresceu, as pessoas vivem mais e melhor. Consequentemente, o consumo médio da humanidade disparou. É necessário um consumo mais equilibrado e consciente dos recursos naturais do planeta para não corrermos o risco de que sejam esgotados.

## Parte 3: Uso de Energia

Devemos buscar a utilização em maior escala da energia limpa, também conhecida por energia renovável ou energia verde — aquela produzida a partir de

6    Atitudes Sustentáveis Para Leigos

recursos renováveis, sem criar dívida ambiental. Ela provoca algum impacto ambiental, mas lança níveis mínimos de poluentes na atmosfera, sem utilizar recursos que se extinguirão e interferir na poluição em nível global.

## Parte 4: Permacultura Urbana

É criada para um estilo de vida de baixo carbono, mais ecologicamente equilibrado, pelo qual é possível conectar cada um de nós mais profundamente aos padrões da natureza. Envolve criação de ambientes sustentáveis que se harmonizam com a natureza. Seus pilares éticos são cuidar da terra, das pessoas e compartilhar os excedentes.

## Parte 5: Ambientes Saudáveis

São aqueles que geram qualidade ambiental interna, buscando preservar o bem-estar e a saúde das pessoas. Para o espaço ser saudável, necessita englobar aspectos técnicos, como a arquitetura, as características climáticas, a investigação do solo e a influência das energias telúricas da Terra, entre outros aspectos. Esses espaços devem oferecer conforto, redução da radiação, e ser livres de gases poluentes e produtos químicos tóxicos.

# Ícones Usados Neste Livro

Para alertar sobre informações importantes, utilizamos alguns ícones ao longo do livro:

Usado para destacar algo que precise ser lembrado para uma boa compreensão do conteúdo.

Oferece sugestões sobre como obter melhores resultados através do assunto abordado.

Utilizado para situações que podem causar desequilíbrio no ambiente e que precisam ser evitadas.

Traz uma informação mais técnica e aprofundada sobre sustentabilidade.

# De Lá para Cá, Daqui para Lá

Abordamos muitas formas possíveis de sustentabilidade e acreditamos que a soma delas lhe trará uma vida com maior conexão com a natureza e com o nosso planeta. Mas o formato de um livro Para Leigos possibilita que você vá direto para uma seção que lhe interesse e obtenha os conhecimentos básicos acerca dela, sem ter a obrigatoriedade de ler o livro do início ao fim.

Crie seu próprio roteiro. Você tem total liberdade para observar os títulos, o Sumário e buscar o assunto dentro da sustentabilidade com o qual você mais se identifica e começar por ele. O importante é dar o primeiro passo em busca de uma vida melhor e mais consciente.

# 1

# Por que e Como Cuidar da Água

## NESTA PARTE...

Começamos por uma das principais questões do tema sustentabilidade: a água. Esta parte apresenta a situação da água, o quanto ela é essencial em nosso dia a dia e o que podemos fazer para sermos mais conscientes em relação ao seu uso.

Falaremos um pouco sobre sua disponibilidade, o ritmo de consumo e degradação, e sobre as formas para reduzir e/ou otimizar o uso do recurso.

Nossa visão é de longo prazo, a fim de garantir água potável para as próximas gerações.

Diante dos prejuízos do século passado, este século promete uma nova revolução na maneira como a humanidade faz uso dos recursos hídricos globais.

**NESTE CAPÍTULO**

» A quantidade de água que precisamos para viver bem

» Como surgiu o fenômeno da água mineral

» Como está a geopolítica desse líquido precioso

## Capítulo 1

# A Importância e Disponibilidade de Água Potável

3, 2, 1... Três dias é o deadline da sede, porque nosso corpo é 75% água. Sua quantidade no planeta é sempre a mesma. Renovável, nunca será criada, nem destruída. Da água que está disponível para o consumo — apenas 0,26% do estoque mundial — tem aquela que é a melhor para a saúde. Mas tem a que mata, a que se transforma e a que migra.

## A Importância da Água

Dois terços do planeta são cobertos por água, e essa proporção também se aplica ao corpo humano. No caso do nosso corpo, esse líquido é eliminado a todo momento por meio da transpiração, respiração, urina e fezes. Por isso, é preciso repor. E "ai de nós" se ele faltar! O homem consegue ficar aproximadamente três dias sem beber água. No entanto, o organismo sofre muitas consequências quando isso ocorre. Fica desidratado (quando não há líquido suficiente no corpo), os neurônios (células do cérebro) começam a morrer, perde-se a consciência, e em pouco tempo todos os órgãos param de funcionar. Por isso é recomendável não passar mais de seis horas sem ingerir água.

# Quais as Principais Funções da Água em Nosso Corpo

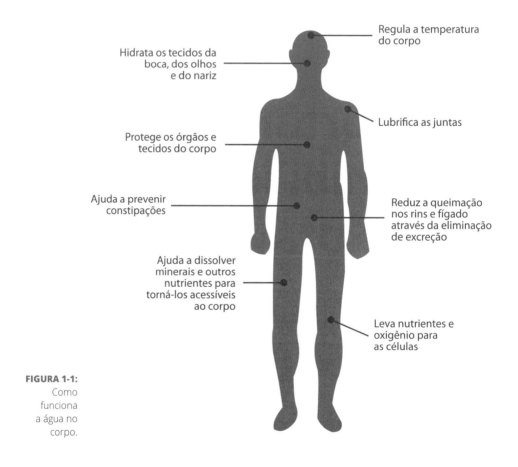

**FIGURA 1-1:** Como funciona a água no corpo.

## Copo, garrafa ou galão?

Há muita polêmica sobre a quantidade mínima de água necessária para manter o corpo hidratado, mas há um certo consenso no sentido de que são necessários cerca de dois litros por dia. No entanto, alguns especialistas alertam que esse número não tem base científica e que foi "instituído" pelo mercado porque cada vez mais a água potável não vem gratuitamente de nossas torneiras. É vendida pelas mesmas pessoas inteligentes que nos vendem iogurtes com bactérias que provavelmente não nos fazem tão bem assim. E essas empresas são bastante consistentes em recomendar de dois a três litros de água por dia.

CUIDADO

Por outro lado, empanturrar-se de água pode ser fatal. E há vários relatos desse tipo na literatura médica. Jennifer Strange, uma norte-americana residente da Califórnia, participou de um concurso em 2007 para ver quem conseguia ingerir mais água. Depois de tomar seis litros em um intervalo de apenas três horas, ela sofreu um quadro de intoxicação ao voltar para casa e acabou morrendo.

PAPO DE ESPECIALISTA

Um estudo de 2005 publicado no *New England Journal of Medicine* informou que um em cada seis maratonistas desenvolve a chamada hiponatremia, quadro de diluição de sangue que ocorre quando a pessoa ingere mais água do que o corpo consegue administrar. Os sintomas incluem fadiga, náusea, vômito e confusão mental, podendo chegar a culminar em convulsões e morte. É que o excesso de água chega ao cérebro, e, ao contrário de outras células, os neurônios não têm a capacidade de se expandir ao receber muito líquido.

## Imagem não é nada. Sede é tudo!

DICA

Cada organismo é único. Você não precisa se preocupar com essa exigência sobre o total de água diário, porque seu corpo resolverá tudo isso por você.

Se você beber demais, vai urinar demais. Se você beber muito pouco, ficará com sede e urinará menos. É tudo extraordinariamente bem controlado, da mesma forma que o consumo de oxigênio é bem controlado.

Dizer que você deve beber mais água do que seu corpo pede é como dizer que você deve conscientemente respirar com mais frequência do que você respira naturalmente, porque se um pouco de oxigênio é bom, então mais deve ser melhor.

Como a maioria das coisas na vida, há um ponto de equilíbrio, e você saberá qual é.

# Água Mineral

**FIGURA 1-2:** A moda da água mineral.

Água mineral natural é a água obtida diretamente de fontes naturais ou de origem subterrânea, caracterizada pelo conteúdo definido e constante de sais minerais (composição iônica) e pela presença de oligoelementos e outros constituintes.

Em meados dos anos 1990 surgiu a moda da água engarrafada. Até então isso era considerado um luxo. E a moda pegou!

Desde 1995 o mercado de água engarrafada cresce a uma espantosa taxa de 20% ao ano. Em 2000 o negócio faturou 22 bilhões de dólares com a venda de cerca de 89 bilhões de litros de água. Chegamos ao ponto de ter 260 bilhões de litros de água engarrafada em 2014.

Hoje, o consumo de garrafas PET é um grande vilão ambiental, pelo consumo de recursos e geração de resíduos e poluentes.

Veja a lista dos dez países que mais consomem água mineral no mundo:

- 1º — Emirados Árabes: 220 litros.
- 2º — Itália: 171 litros.
- 3º — França: 145 litros.
- 4º — Espanha: 135 litros.
- 5º — México: 134 litros.
- 6º — Bélgica: 131 litros.
- 7º — Alemanha: 123 litros.
- 8º — Suíça: 123 litros.
- 9º — Arábia Saudita: 116 litros.
- 10º — Portugal: 99 litros.
- 28º — Brasil: 31 litros.

*(Litros per capita por ano) Fonte: Consultoria Zenith.*

A disseminação do consumo de água mineral veio fundamentada no argumento da qualidade superior em relação à água que recebemos pela torneira de nossas casas no que diz respeito à sua *composição*. No entanto, várias pesquisas desmentem essa afirmação. Uma delas, realizada pela pesquisadora Maria Fernanda Falcone Dias, da Faculdade de Ciências Farmacêuticas da Unesp, em Araraquara, apresentou resultados alarmantes em relação à *qualidade* das *águas engarrafadas.*

PAPO DE ESPECIALISTA

O estudo avaliou a qualidade de algumas marcas de *água mineral*. Foram analisadas garrafas de 0,5 litro e 1,5 litro, em 11 ocasiões ao longo de um ano, prazo recomendado para o consumo. Além disso, garrafões de 20 litros passaram por 5 testes ao longo dos 60 dias de validade do produto. Os testes levaram em consideração a contagem de micro-organismos heterotróficos em Placa (CHP), índices de coliformes fecais e de bactérias como a *Escherichia coli* e a *Pseudomonas aeruginosa*, que podem causar diarreia e infecções, principalmente em crianças, gestantes e idosos. Eis o resultado:

> "Considerando os padrões para água mineral utilizados nessa pesquisa e o padrão para bactérias heterotróficas estabelecido pela legislação para água de consumo humano, quarenta amostras (58%) de doze marcas (70,6%) podem estar inadequadas para consumo humano."

A contaminação pode ocorrer por meio dos equipamentos que são usados para conduzir a água até os locais de engarrafamento ou nos reservatórios de estocagem. Além disso, na fonte, a água mineral possui uma pequena população de bactérias dormentes. O processo de engarrafamento muda drasticamente suas condições ambientais e favorece a multiplicação bacteriana. A contaminação também pode vir do ambiente, das embalagens e tampas e da reutilização das garrafas sem adequada limpeza e desinfecção.

Esse fato pode ser incrementado devido ao longo tempo que as garrafas ficam estocadas. Uma vez que a garrafa esteja preenchida e selada, a água engarrafada pode ficar nas prateleiras dos mercados ou estocadas em casa por semanas ou meses. Assim, a água contendo poucos organismos quando engarrafada pode apresentar um crescimento logarítmico no número de bactérias em um tempo relativamente pequeno. Esse aumento continua em curva de crescimento típica até a matéria orgânica da água ser esgotada.

A temperatura também é um fator importante para a multiplicação das bactérias após o engarrafamento. A refrigeração retarda esse processo.

Estudos têm mostrado que as bactérias geralmente ocorrem em maior número nas garrafas plásticas do que nas de vidro.

LEMBRE-SE

Outro aspecto a ser considerado é o impacto ambiental da água mineral: o processo de embalamento, transporte e descarte aumenta as emissões de gases do efeito estufa e polui solos e reservas de água.

# Qual É a Água Mais Saudável?

Segundo *especialistas em saúde*, existe um novo conceito mundial: tratar a *água* na sua própria residência através de *purificadores*. Os *purificadores de água* retiram *impurezas* e o *cloro* da *água da torneira*, melhorando a sua *qualidade*. Se você quer uma *água* ainda melhor, a alternativa ideal são os *ionizadores de água*, que além de fazer uma perfeita *purificação*, agregam diversas propriedades benéficas à *saúde*, transformando sua *água da torneira* em *água alcalina* e *rica em minerais*.

# Água Alcalina

É aquela que possui o pH (**potencial hidrogeniônico, quantidade de prótons H+**) maior que 7. Esse tipo de água ajuda a equilibrar o potencial ácido do corpo. Quando consumimos uma água alcalina, rica em minerais, nossas células ficam melhor hidratadas. Além disso, a água alcalina tem poder antioxidante, ou seja, reduz os efeitos de oxidação dos radicais livres em nosso corpo.

## BICHOS E PLANTAS RESISTENTES À SECURA

Nos locais em que a água é rara, como o deserto, algumas plantas e animais têm organismo adaptado para isso.

**Camelo:** O camelo, que tem duas corcovas, e o dromedário, com uma só, ficam até cinco dias sem água. Mas em casos extremos podem permanecer um mês comendo apenas plantas. Isso também é possível porque acumulam grande quantidade de gordura nas corcovas, que funcionam como reservatório de energia. Assim, retiram de lá os nutrientes necessários para sobreviver. Aos poucos o tamanho delas diminui, e o bicho chega a perder quase metade de seu peso. Eles também têm a capacidade de beber água salgada. Ingerem até 60 litros de líquido de uma só vez.

**Cactos:** Muitas plantas armazenam água nas folhas, caule e raízes. É o caso dos cactos, encontrados em áreas em que chove muito pouco. O formato desses vegetais também os ajuda a perder menos líquido pela transpiração do que os demais.

**Baobá:** O baobá (que aparece no livro *O Pequeno Príncipe*) é uma árvore gigantesca e curiosa. Pode atingir 30 metros de altura e tem o tronco bem largo, com capacidade para armazenar 120 mil litros de água. É encontrada em Madagascar, na Austrália e em países da África.

# Como Está Distribuída a Água no Planeta

"Ela é azul, coberta de água", disse um astronauta ao observar a Terra, aquele pontinho solto no Universo. De fato, esse líquido incolor, insípido e inodoro, vital para a vida, ocupa mais de dois terços da superfície da Terra. O planeta tem 1,4 bilhão de quilômetros cúbicos de água, e desde que o globo se esfriou, há muitos milênios, essa quantidade não se altera. Mas não dá para se esbaldar. Embora a maior parte da superfície terrestre seja coberta de água, só podemos usar uma ínfima parte desse manancial, pois ela é quase toda imprópria para o consumo humano por conta de sua salinidade. E grande parte do que já é água doce disponível está poluída por conta de nossas ações.

A chamada água doce representa 3% do total, ou seja, 35 milhões de quilômetros cúbicos. Dessa pequena parte, tire dois terços, confinados nas calotas polares e no gelo eterno das montanhas. Do que sobrou, desconsidere a maior parte, escondida no subsolo (18% são águas subterrâneas).

Resultado: a água pronta para beber e fácil de captar está nos rios e lagos (7%), em um total de 90 mil quilômetros cúbicos, ou 0,26% do estoque mundial.

**TABELA 1-1**  ### Distribuição do Estoque Mundial de Água

| Local | Volume ($km^3$) | Percentual do total (%) |
|---|---|---|
| Oceanos | 1.370.000 | 97,61 |
| Calotas polares e geleiras | 29.000 | 2,08 |
| Água subterrânea | 4.000 | 0,29 |
| Água doce de lagos | 125 | 0,009 |
| Água salgada de lagos | 104 | 0,008 |
| Água misturada no solo | 67 | 0,005 |
| Rios | 1,2 | 0,00009 |
| Vapor d'água na atmosfera | 14 | 0,0009 |

Fonte: R.G. Wetzel, 1983.

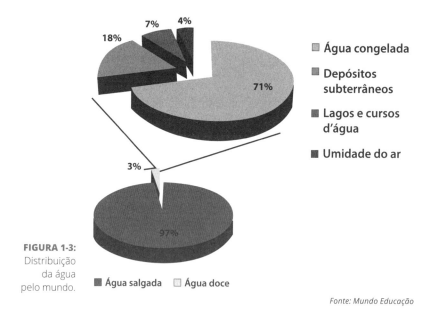

**FIGURA 1-3:** Distribuição da água pelo mundo.

*Fonte: Mundo Educação*

## Ciclo da Água

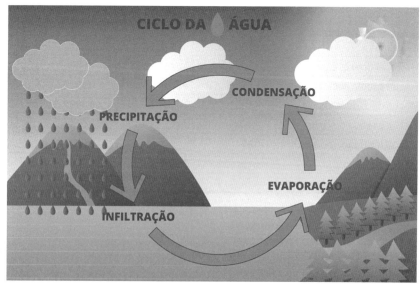

**FIGURA 1-4:** Ciclo da água.

Por que se preocupar com a água, se ela é um recurso renovável, que não se esgota jamais?

De fato, a água sempre existirá no planeta, só que em uma determinada quantidade. Ela nunca será criada, nem destruída.

Não há síntese de água que possa aumentar gradativamente seu volume. O que existe é a reposição da quantidade disponível devido ao processo de circulação no planeta, que realimenta o estoque e é conhecido por ciclo hidrológico.

Evaporação — A água evaporada dos diferentes ecossistemas e devido às atividades humanas é transportada até as regiões mais altas da atmosfera, onde se condensa devido à ação das baixas temperaturas.

Precipitação — A água condensada cai em forma de chuva, neve ou granizo, dependendo da temperatura da atmosfera local. Parte da água se infiltra no solo, formando corpos de água subterrâneos (poços rasos, artesianos, semiartesianos, minas, fontes e drenos).

Essas águas subterrâneas emergem para a superfície da Terra, formando as nascentes dos rios, e assim é mantido o nível de água dos lagos, açudes e rios. E é assim que esse ciclo garante a renovação do estoque de água doce utilizável no planeta. Por outro lado, o consumo de água no mundo é sempre crescente: nenhuma atividade se desenvolve sem água.

O ser humano se multiplica rapidamente. Já somos 7,5 bilhões de pessoas no mundo, e esse número segue aumentando, devendo chegar a 9 bilhões em 2050. Segundo a Organização das Nações Unidas (ONU), já estamos consumindo metade do estoque disponível. Estima-se que em 30 anos o consumo terá dobrado, ou seja, estaremos utilizando toda a água disponível no planeta. Resumindo: não é apenas o aumento populacional que preocupa, mas também o consumo desenfreado, desperdício, contaminação e vazamentos das redes de distribuição.

Os problemas decorrentes desse uso indiscriminado já começaram a aparecer, devido a um fator muito simples: distribuição. Há muita água boa onde não mora ninguém, e pouca em áreas povoadas. Resultado: crise hídrica.

# Crise Hídrica Mundial

## Água impura

Segundo a ONU, 1,1 bilhão de pessoas, um sexto da população mundial, vivem sem água de boa qualidade. Uma das consequências disso é que 80% das doenças nos países pobres do Hemisfério Sul estão relacionadas à água contaminada.

# Por água abaixo

A água não serve apenas para beber, ela é também o destino final de bilhões de litros de resíduos que a humanidade produz todo dia. Uma em cada três pessoas no mundo — cerca de 2,4 bilhões de indivíduos — ainda não tem acesso a serviços de saneamento básico, concluiu um levantamento global do Fundo das Nações Unidas para a Infância (Unicef) e da World Health Organization (WHO).

Nos países em desenvolvimento, até 90% do esgoto é lançado sem tratamento nas águas (rios, lagos e áreas costeiras).

## Enxurrada química

Todos os anos, de 300 a 500 milhões de toneladas de metais pesados, solventes, produtos tóxicos e outros tipos de dejeto são despejadas nas águas pelas indústrias, e cerca de 2 bilhões de toneladas de lixo vão parar em rios, lagos e riachos todos os dias. A verdade é que a maioria dos produtos químicos produzidos pelo homem mais cedo ou mais tarde acaba em um curso ou depósito de água.

Dados do Relatório das Nações Unidas sobre o Desenvolvimento de Água de 2015:

1. **3,4 milhões de pessoas morrem a cada ano devido a doenças relacionadas à água contaminada.**

2. **400 milhões de crianças de até 5 anos de idade não têm acesso à água de boa qualidade.**

3. **1,4 milhão de crianças morrem a cada ano por não ter acesso à água potável e saneamento básico. É uma morte a cada 20 segundos.**

4. **A diarreia é a segunda causa de mortes de crianças no mundo todo, e a primeira na África subsaariana. Essa diarreia é causada pela água contaminada e pela falta de higiene e de saneamento básico.**

## Escassez

A água não está distribuída pelo globo de maneira uniforme, e estima-se que cerca de 40% da população mundial sofra com o estresse hídrico. Essas pessoas habitam regiões onde a oferta anual é inferior a 1.700 metros cúbicos de água por habitante, limite mínimo considerado seguro pela ONU.

## O mapa da seca

Atualmente 31 países sofrem com sérios problemas de escassez, especialmente no Oriente Médio, no norte da África e no sul da Ásia.

Hoje há mais de 500 conflitos entre países envolvendo disputas pela água, muitos deles com uso de força militar. Nada menos que 18 desses conflitos violentos envolvem o governo israelense, que vive brigando pelo líquido com os vizinhos. Cerca de 40% do suprimento de água subterrânea de Israel se origina em territórios ocupados, e a escassez de água foi um dos motivos das guerras árabe-israelenses passadas. Em 1965, a Síria tentou desviar o rio Jordão de Israel, provocando ataques aéreos israelenses que a forçaram a abandonar a tentativa. Na África também houve conflitos. As relações entre Botsuana e Namíbia, por exemplo, ficaram estremecidas depois que a Namíbia anunciou um plano de aqueduto para desviar um rio compartilhado pelos dois países. Na Ásia, Bangladesh depende da água de rios que vêm da Índia. Nos anos 1970, em meio a uma escassez de alimentos, a Índia desviou o fluxo desses rios para suas lavouras. Bangladesh foi deixado a seco por 20 anos, até a assinatura de um tratado que pôs fim às disputas.

A seguir podemos observar uma **lista dos lugares onde essa situação é mais crítica**, segundo a Organização das Nações Unidas para a Educação, a Ciência e a Cultura (Unesco), com a quantidade *per capita* de água por país, isto é, a disponibilidade de água para cada habitante.

**TABELA 1-2** **Lista dos Dez Principais Países com Menos Água *Per Capita***

| País | Água *per capita* |
|---|---|
| Kuwait | 10m³ |
| Emirados Árabes | 58m³ |
| Bahamas | 66m³ |
| Qatar | 94m³ |
| Maldivas | 103m³ |
| Líbia | 113m³ |
| Arábia Saudita | 118m³ |
| Malta | 129m³ |
| Cingapura | 149m³ |
| Jordânia | 179m³ |

De acordo com a organização não governamental WWF Internacional, alguns países do mundo desenvolvido também já sofrem com a falta de água. Fatores como mudanças climáticas, poluição e má gerência de recursos hídricos são os principais responsáveis pelo problema. Alguns desses países são:

» Austrália
» Espanha

- » Inglaterra
- » Estados Unidos
- » Japão

A perspectiva para o futuro é de maior escassez. Se o consumo não se alterar, duas em cada três pessoas estarão vivendo condições de escassez em 2025. De acordo com estimativas do Instituto Internacional de Pesquisa de Política Alimentar, com sede em Washington, até 2050 um total de 4,8 bilhões de pessoas estarão em situação de estresse hídrico.

# Brasil: Potência Hídrica

No Brasil somos privilegiados, pois dispomos de 11,6% do total de água fluvial do mundo. Em média, cada brasileiro possui 34 milhões de litros ao ano à sua disposição.

Não bastasse toda essa abundância, temos sob nossos pés a maior reserva de água doce do planeta, o aquífero Guarani, uma piscina subterrânea que cruza a fronteira de sete estados e avança pelos territórios argentino, paraguaio e uruguaio. Só ali são 37 mil quilômetros cúbicos de água potável, o que daria para encher até a boca 7,5 milhões de estádios do Maracanã, segundo cálculos do geólogo Heraldo Campos, especialista no aquífero. E o Brasil só utiliza 5% desse potencial.

Mas essa água toda é mal distribuída, uma vez que 80% do volume encontram-se na Amazônia, onde vivem apenas 5% da população brasileira. Os 20% restantes abastecem 95% dos brasileiros. A região Nordeste é a que mais sofre problemas de escassez.

E o pior, a água é mal gerenciada. Veja o paradoxo: na cidade de Manaus, incrustada na maior bacia hidrográfica do mundo, a população é submetida a um rodízio de água entre os bairros por falta do recurso.

CUIDADO

Outro agravante: por termos muita água, a cultura do desperdício impera no país todo. Nossos problemas também são de baixa eficiência das companhias e degradação da qualidade da água, com inúmeros acidentes ambientais gerando mortandade de peixes e contaminação das águas.

E nos centros urbanos os problemas de abastecimento se agravam com o crescimento da demanda, o desperdício e a urbanização descontrolada — que atinge regiões de mananciais. Portanto, é urgente uma gestão mais sustentável desse recurso.

# Mercado da Água

Mas quem deve gerenciar as reservas e como isso deve ser feito?

Para os ambientalistas, a água não tem preço, nem dono, pois pertence a todos. Eles acreditam no resgate da relação primitiva com a natureza, na cooperação entre os povos e no manejo sustentável dos recursos naturais, e veem a água como um direito fundamental e inegociável do ser humano.

Mas, com a globalização, o poder do capital encontra na água um grande negócio.

Durante os anos 1990, o Banco Mundial convenceu alguns países a privatizar o fornecimento de água para a população como forma de levantar fundos.

Grandes empresas transnacionais estão ampliando sua presença em serviços de saneamento e ganhando o direito de explorar fontes de água. As duas gigantes do setor de saneamento são as transnacionais Vivendi e Suez, que têm sede na França e respondem por 70% do faturamento do setor. E esse é um ramo com um potencial de crescimento astronômico, já que apenas 5% da população mundial recebe água fornecida por empresas privadas.

O fato é que a água transformou-se em uma *commodity* como o petróleo ou a soja, com direito a ser exportada, inclusive. O Canadá, por exemplo, exporta água, por meio de barcaças e caminhões de grande capacidade, para regiões sedentas do México e dos Estados Unidos.

# Dessalinização

E se a gente transformar a água do mar em água doce?

PAPO DE ESPECIALISTA

Essa é uma das soluções. A dessalinização é um processo físico-químico de tratamento de água que retira o excesso de sais minerais, micro-organismos e outras partículas sólidas presentes na água salgada e na água salobra com a finalidade de obter água potável.

Alguns países já investem pesado na dessalinização da água do mar.

A Agência Internacional de Energia Renovável publicou, em seu relatório sobre dessalinização e energias renováveis (*Water Desalination Using Renewable Energy*), que a dessalinização é a maior fonte de água para saciar a sede humana e resolver a irrigação no Oriente Médio, no norte da África e em algumas ilhas do Caribe. Mais de 300 milhões de pessoas são abastecidas diariamente por meio da dessalinização no mundo.

O principal empecilho é que tanto o processo de dessalinização quanto o bombeamento para uma região muito distante requerem muita energia, tornando o método caro, poluidor — ja que utiliza energia fóssil como fonte — e pouco eficiente.

Outra questão associada à dessalinização é o fato de que as águas residuais do processo podem impactar negativamente os ecossistemas marinhos ao serem despejadas diretamente no oceano. A água residual tem concentração de sais muito superior à concentração natural encontrada na água do oceano e apresenta resíduos que são tóxicos para alguns seres marinhos, como aditivos químicos, que são incorporados ao tratamento da água, e metais pesados, que são liberados de processos corrosivos que ocorrem dentro das tubulações.

No Brasil, temos um projeto de deslocamento de parte das águas do Rio São Francisco, visando abastecer regiões do Nordeste e semiáridas carentes de água. Apesar da finalidade positiva, o projeto é polêmico e recebe críticas que alegam que ele beneficiaria mais a agroindústria do que as pessoas necessitadas

Em tempos de escassez de água, uma ótima forma de evitar o desperdício é reutilizá-la de forma consciente. No Capítulo 4 ensinamos como capturar a água da chuva e no Capítulo 5 falamos mais detalhadamente sobre reúso de água.

**NESTE CAPÍTULO**

» Consumo per capita de água ao redor do mundo

» Quantidade de água utilizada em atividades econômicas

» Medida de água gasta na produção dos bens de consumo humano

Capítulo **2**

# Quem Gasta Mais Água?

É de se imaginar que, com o aumento vertiginoso da população e a sofisticação das atividades econômicas, o *consumo de água* tenha crescido de forma considerável em todo o planeta ao longo do tempo. Em 1900 o mundo consumia cerca de 580 quilômetros cúbicos de água. Já em 1950, esse consumo elevou-se para 1.400 quilômetros cúbicos, passando para 4.000 quilômetros cúbicos em 2000. Segundo previsões da ONU, é provável que em 2025 o nível de consumo se eleve para 5.200 quilômetros cúbicos.

O consumo de água no mundo é um dos grandes temas em debate na atualidade. Em uma média total, a maior parte da utilização da água é realizada pela agricultura, que detém 70% do consumo; seguida pela indústria, que detém 22%; e pelo uso doméstico e comercial, com 8%, que vem crescendo devido ao desperdício, à má administração dos recursos hídricos e ao crescimento populacional.

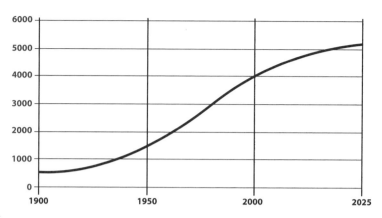

**FIGURA 2-1:** Consumo de água no mundo (km³).

**1,1 BILHÃO** DE PESSOAS VIVEM SEM FÁCIL ACESSO À ÁGUA

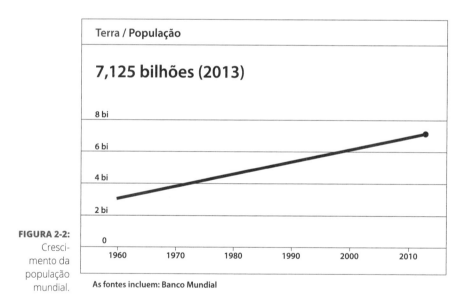

**FIGURA 2-2:** Crescimento da população mundial.

As fontes incluem: Banco Mundial

## Consumo *Per Capita* nos Países

De acordo com a ONU, os seres humanos precisam de 110 litros por dia de água para viver com conforto e saúde. No entanto, o desperdício é frequente em diversos países, o que faz das ações de consumo consciente importantes ferramentas para evitar a escassez do recurso.

Existem várias formas de fazer esse levantamento. Um indicador é o gasto total de água no ano. Outro é a quantidade utilizada diariamente por cada pessoa. Nos dois casos leva-se em conta não apenas o gasto doméstico de água, mas também o volume usado pelas indústrias, agricultura etc.

Confira a seguir os primeiros colocados da lista de perdulários.

Consumo *per capita* por dia (em litros):

1. **Estados Unidos — 575**
2. **Austrália — 493**
3. **Itália — 396**
4. **Japão — 374**
5. **México — 366**
6. **Espanha — 320**
7. **Noruega — 301**
8. **França — 287**
9. **Áustria — 250**
10. **Dinamarca — 210**
11. **Alemanha — 193**
12. **Brasil — 187**

## Consumo nas Atividades Econômicas

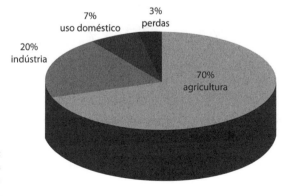

**FIGURA 2-3:** Distribuição do uso da água.

A distribuição da água no Brasil ocorre de maneira irregular, pois há localidades pouco povoadas e com muitas reservas, e outras com uma relação inversa.

Apenas 3% de todos os recursos hídricos existentes no planeta são de água doce própria para consumo, cuja maior parte está concentrada em geleiras, restando uma pequena porcentagem de águas superficiais para as atividades humanas; 97,5% da disponibilidade da água do mundo estão nos oceanos, ou seja, água salgada.

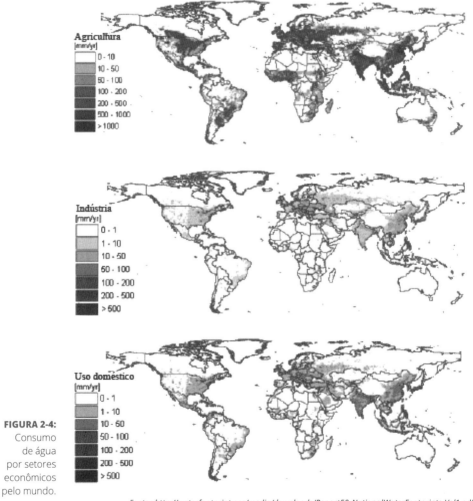

**FIGURA 2-4:** Consumo de água por setores econômicos pelo mundo.

*Fonte: http://waterfootprint.org/media/downloads/Report50-NationalWaterFootprints-Vol1.pdf*

De toda a água utilizada, 10% vão para o consumo humano (incluindo 3% de perdas), 20% ficam com a indústria e o restante, 70%, é utilizado na agricultura.

Porém o uso irracional é uma constante em todos esses setores. Vazamentos, métodos obsoletos e desperdício drenam cerca de 50% da água usada para beber e 60% da água de irrigação. Com a tecnologia disponível atualmente, a agricultura poderia reduzir sua taxa de uso em até 50%; as indústrias, em até 90%; e as cidades, em um terço, sem prejudicar a produção econômica ou a qualidade de vida.

# Desperdício

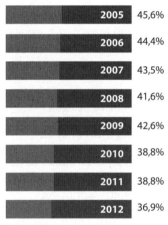

Evolução de perdas de água na distribuição no Brasil (em %)

| Ano | % |
|---|---|
| 2005 | 45,6% |
| 2006 | 44,4% |
| 2007 | 43,5% |
| 2008 | 41,6% |
| 2009 | 42,6% |
| 2010 | 38,8% |
| 2011 | 38,8% |
| 2012 | 36,9% |

**FIGURA 2-5:** Desperdício de água no Brasil.

Fonte: SNIS

**Fechando a bica:** Economizar é essencial para responder às necessidades de uma população em constante crescimento, mas os setores de agricultura e energia precisam continuar a produzir cada vez mais. De agora até 2050, a agricultura, que consome a maior parte da água, precisará produzir mundialmente 60% a mais de alimentos, sendo que esse aumento terá de ser de 100% nos países em desenvolvimento.

A demanda por bens manufaturados também está aumentando, o que impõe maior pressão sobre os recursos hídricos. Entre 2000 e 2050, estima-se que a demanda da indústria por água crescerá até 400%.

Agora 20% das fontes mundiais de água subterrânea já estão sendo superexploradas, e ainda não há um gerenciamento sustentável desses recursos.

**Lavando a água:** Não adianta contar com o ciclo das chuvas se as reservas de água estão cada vez mais poluídas.

Além de a irrigação de plantações consumir muita água, a liberação descontrolada de pesticidas e produtos químicos em cursos d'água e a ausência de tratamento de esgoto comprometem cerca de 90% das águas residuais em países em desenvolvimento.

# Pegada Hídrica

Quanto maior é a renda de uma pessoa, mais ela tende a consumir, e maior é seu gasto de água. Isso é o que se convencionou chamar de pegada hídrica, a medida da quantidade de água utilizada na fabricação de tudo o que a humanidade consome — de alimentos a roupas. Enquanto são gastos, em média, de 2 a 3 litros por pessoa para ingestão e de 30 a 300 litros para higiene e limpeza, são necessários de 2 mil à 5 mil litros para produzir os alimentos necessários a uma dieta balanceada para cada pessoa (Unesco, 2006).

Por exemplo: para se produzir uma xícara pequena de café (125ml), que exige 7 gramas de café torrado, são necessários 125 litros de água.

Um quilo de café torrado requer quase 19 mil litros de água.

Já para produzir 250ml (um copo) de cerveja, o volume de recurso hídrico necessário será de 75 litros, sendo que 90% dessa água está ligada ao cultivo das culturas envolvidas, como a cevada (waterfootprint.org).

A pegada hídrica média global de carne de frango é menor do que as pegadas de carne de gado de corte (15.400 litros/kg), ovinos (10.400 litros/kg), porco (6.000 litros/kg) ou cabra (5.500 litros/kg).

Hoje, cada chinês gasta o equivalente a 1.070 metros cúbicos de água por ano. É quatro vezes mais do que nos anos 1960, e grande parte desse crescimento é atribuída à maior ingestão de aves e de diferentes tipos de carne no país. Até poucos anos atrás, era tão improvável que um chinês tivesse um bife no prato que a iguaria costumava ser chamada de "carne dos milionários". Atualmente cada chinês consome mais de 4 quilos de carne bovina por ano — e, do pasto até o açougue, cada quilo de bife demanda 15 mil litros de água.

No total, o Brasil consome 356 bilhões de metros cúbicos por ano — é o quarto maior consumo do mundo, perdendo para a China, a Índia e os Estados Unidos.

**NESTE CAPÍTULO**

» Combate à cultura do desperdício de água

» Novos hábitos com limpeza e torneiras

» Banhos mais sustentáveis

Capítulo **3**

# Reduzindo o Consumo em Casa

O consumo doméstico equivale a apenas 10% do consumo mundial de água doce. A agricultura, como visto, é quem "bebe mais". Então por que o cidadão deve economizar em casa? Porque, em um cenário de escassez e perspectiva de piora, cada gota vale ouro. Cada brasileiro consome, em média, 185 litros de água por dia, quando o recomendado pela OMS é o limite de 110 litros. Temos, portanto, que reduzir muito o consumo. Por ser acostumada a uma conta de água barata, cerca de metade da população brasileira desperdiça esse recurso em seus afazeres domésticos.

# Combatendo a Cultura do Desperdício

Para combater o desperdício doméstico, muitos países precisaram criar leis rigorosas. Nos Estados Unidos, todas as casas construídas depois de 1995 são obrigadas a ter descargas com caixas de 6 litros, bem mais econômicas. Hoje é proibido até ter peças de descarga convencional no país, sob pena de ir para a cadeia.

No Japão já existem programas de reciclagem dentro de casa. Além dos canos que trazem água potável, os prédios ganharam um segundo sistema hidráulico, que recolhe e trata a água para o reúso.

# Vaso Sanitário, o Maior Vilão Doméstico

Você já parou para pensar na descarga dos *vasos sanitários* da sua casa? Nem todos os tipos de descargas disponíveis no mercado oferecem padrões aceitáveis de economia. Os números são expressivos: em um prédio comercial, por exemplo, a água consumida nas descargas representa de 50% a 70% do consumo total do edifício. Até 80% do consumo de água nas casas é decorrente da remoção de dejetos líquidos. Em média, a cada descarga, até 10 litros de água são utilizadas. E tudo isso vai, literalmente, cano abaixo. Agora pense em quantas pessoas há em sua casa e quantas vezes cada uma vai ao banheiro. Pense também na sua vizinhança, rua, cidade, e por aí vai. São bilhões de litros de água potável usados diariamente para levar nossos resíduos para a estação de tratamento mais próxima. Isso quando há uma.

## O vaso econômico

É preciso ficar atento ao uso da descarga. Toda vez que apertamos o botão de descarga de parede, gastamos 10 litros de água. Já com o vaso acoplado, que é aquele reservatório em cima do vaso, o gasto cai para 6 litros. As descargas fabricadas depois de 2002 têm que atender à legislação brasileira, que determina um gasto de 6,8 litros de água. A boa notícia é que o mercado já oferece descargas inteligentes, que liberam apenas 3 litros de água.

## O TRONO DA ECONOMIA

A empresa brasileira *Acquamatic* criou um vaso sanitário que *economiza* mais de 50% da *água*. O sistema usa apenas 2 litros de água. Alem disso, o vaso é feito em ABS, material mais leve e durável do que a louça.

DICA

A Fundação Bill Gates & Melinda Gates anunciou um interessante projeto: a criação de um vaso sanitário ecológico, em que a privada transforma as fezes em energia através de um sistema de micro-ondas. O objetivo é um banheiro sem água e sem esgoto.

## Reduza a quantidade de água de sua caixa acoplada

### Garrafa PET

Existe uma maneira simples de reduzir ainda mais o consumo de água na descarga. Basta colocar uma garrafa PET (aquelas de refrigerante) de 2 litros, cheia de água, dentro da caixa d'água da bacia, para que ela ocupe o espaço. Com isso você economiza 2 litros por descarga, ou 10 litros por dia.

DICA

Se essa prática for adotada em todos os banheiros da casa em que habita uma família de quatro pessoas, essa economia será de 40 litros por dia. Em um ano, essa água poupada é suficiente para matar a sede de 20 pessoas durante o ano inteiro.

## Tijolo

Outra forma de diminuir o gasto na descarga é um tijolo de borracha para ser colocado dentro da caixa da privada. Quando está seco, o tijolo é leve, como uma esponja. Mas ele fica pesado e afunda quando em contato com a água, graças a um gel que reage com o líquido — um gel parecido com o das fraldas para bebês. O tijolo ocupa espaço dentro da caixa acoplada, e assim menos água é utilizada na hora da descarga.

A estimativa é a de que o tijolo ajude uma família a economizar cerca de 190 litros de água por semana.

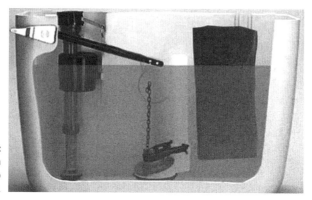

**FIGURA 3-1:** Descarga utilizando tijolo.

## De olho na válvula

É importante regular periodicamente a válvula ou caixa de descarga e verificar se a válvula não está com defeito, apertando-a uma única vez. Verifique se não há vazamentos. Para o teste, você pode jogar algumas gotas de corante na caixa que acumula água. Caso a água se misture ao corante, ou as gotas afundem, é melhor procurar um encanador.

## O vaso sanitário ideal

O vaso sanitário ideal é aquele que possui *descarga com duplo acionamento*. Essa válvula permite que você escolha a quantidade de água a ser liberada na descarga, de acordo com a necessidade. Ou seja: 3 litros para os resíduos líquidos e 6 litros para os sólidos. Com esse tipo de descarga você consegue economizar diariamente até 50% de água, sem comprometer a higienização das bacias. Ótimo, não?!

Contudo, não adianta nada ter um vaso com esse tipo de descarga e sempre apertar as duas válvulas.

Além do cuidado com o tipo da descarga, vale também se preocupar com o tipo da bacia comprada. Existem dois tipos no mercado: aquelas com limpeza por sifão e as com limpeza por arraste.

No Brasil é bem mais comum encontrar as bacias com limpeza por sifão, nada econômicas e que exigem instalação hidráulica por baixo da laje, gastando ainda mais material e favorecendo vazamentos. Enfim, as dores de cabeça que uma porção de gente já conhece.

Já a limpeza por arraste, além de ser mais econômica, também exige muito menos trabalho na instalação, já que a tubulação passa pela parede, e não pelo chão. Isso também evita o vazamento.

Veja a Figura 3-2 para conhecer exemplos de ambas.

**FIGURA 3-2:** Exemplo de sifão e arraste.

Além do cuidado especial com o sistema de limpeza da bacia, também é interessante que o vaso sanitário já possua *caixa acoplada para a descarga*. Isso porque ela tem um volume de água fixo de cerca de 6 litros.

A única ressalva é para casas em que há idosos ou cadeirantes. Nesse caso, prefira a descarga econômica e a bacia convencional, porque a caixa pode dificultar certos movimentos.

## Banheiro seco

Agora, se você quer um vaso sanitário que economize água radicalmente, então precisa conhecer o sistema de banheiro seco, também conhecido como banheiro compostável ou banheiro orgânico. Nesse caso não há uso de água para descarga, logo, não há geração de esgoto. Os dejetos são cobertos com material orgânico seco rico em carbono (papel picado, pó de serra, palha de feijão, arroz, milho, capins e folhas secas). Através de um processo bioquímico, por meio da ação de bactérias e micro-organismos, as fezes e a urina são convertidas em composto orgânico fértil e isento de patogênicos para ser usado como fertilizante.

Essa tecnologia já é tradicional em áreas rurais de muitas cidades onde não há rede de esgoto disponível. Porém, como estamos vivendo uma forte crise hídrica, há quem já faça uso dos sanitários secos também em ambientes urbanos. Nos Estados Unidos a ideia é tão bem-vinda que já existe por lá a venda de kits de montagem dos sanitários orgânicos. No Brasil ainda estamos engatinhando rumo à popularização desse método, especialmente devido ao nosso preconceito em não aceitar nossos dejetos como resíduo a ser aproveitado na adubação de nosso solo. Se você se interessou pelo assunto, conheça o trabalho do Instituto de Permacultura e Ecovilas do Cerrado — IPEC, localizado em Pirenópolis (GO), órgão que introduziu os banheiros compostáveis no Brasil.

## Vaso não é lixeira

LEMBRE-SE

Nunca use o vaso sanitário como lixeira, pois cada vez que você aciona a descarga para se livrar de papéis ou pontas de cigarro, joga fora, sem necessidade, água limpa e tratada.

### PARECE, MAS NÃO É

UM APP DO AKATU QUE EMITE O SOM DE TORNEIRA OU CHUVEIRO LIGADO.

Essa é para quem está no trono e liga o chuveiro para disfarçar os sons que emite ao fazer o número dois. O aplicativo *Fake Shower* simula o barulho de água corrente, na vazão e no volume escolhido por você. Uma forma de evitar o gasto de água limpa, tratada e escassa!

Quando o usuário "fechar" o Fake Shower, a ferramenta indica quantos litros de água foram poupados naquele tempo em que esteve aberto.

Três amigos recém-formados na Universidade de Caxias do Sul criaram um dispositivo que elimina o uso de água na hora da descarga para descarte da urina. No lugar da água, um spray biodegradável preso à louça é acionado por um botão ao lado do vaso sanitário. A substância higieniza e tira o odor.

O spray garante economia de mais de 2,2 mil litros por mês

Os criadores buscam investidores para ampliar a produção e colocar o produto no mercado.

# Sistemas que Utilizam Água da Pia na Descarga

**FIGURA 3-3:** Descarga com água da pia.

No sistema conhecido como 2 em 1, a pia fica localizada em cima do vaso, e a água usada para lavar as mãos vai direto para o reservatório de descarga. Além de otimizar espaço, o sistema garante uma economia de até 70% na água gasta no banheiro.

**FIGURA 3-4:** Filtragem da água da pia para a descarga.

Esse modelo filtra a água que cai pelo cano da pia, retirando as partículas mais pesadas, e a reaproveita no vaso sanitário. A água da pia vai para um depósito localizado embaixo do lavabo, e quando se usa a descarga do vaso, um dispositivo bombeia a água que estava armazenada para o tanque do vaso e a utiliza na próxima descarga.

# Novos Hábitos com as Torneiras

As torneiras são responsáveis por até 50% do consumo de água da casa. Mudar os hábitos de consumo de água e instalar torneiras ou dispositivos mais eficientes permitem poupar, por família, até 300 mil litros de água por ano.

# Atitudes para Reduzir o Consumo

## Fechando a torneira

Fechar a torneira enquanto escovamos os dentes, lavamos as mãos, fazemos a barba ou lavamos a louça parece algo que todo mundo sabe, certo? Mas nem todo mundo faz. Ao executar uma dessas atividades, nunca deixe a torneira aberta o tempo todo. Em cinco minutos, são 25 litros de água que vão para o ralo na pia do banheiro. Se você abre a torneira apenas para enxaguar a boca, as mãos ou o rosto, gasta, em média, 2 litros.

Na pia da cozinha, por ter maior vazão, o desperdício pode ser ainda maior. Estima-se que 117 litros de água são desperdiçados a cada 15 minutos com a torneira meio aberta, segundo a Companhia de Saneamento Básico do Estado de São Paulo (Sabesp).

Quando acabar de realizar uma dessas atividades, certifique-se de que a torneira esteja bem fechada. Pingando, ela gasta 46 litros por dia. Isso significa 1.380 litros por mês.

DICA

E se for ainda mais consciente, pode fazer como os europeus na hora da higiene bucal: utilizar um copo de água para o bochecho.

### ENSINE UMA CRIANÇA

As torneiras. Elas devem ficar fechadas enquanto escovamos os dentes. Isso parece óbvio para nós — apesar de muita gente ainda ignorar essa informação —, mas para as crianças isso é novidade. Que tal deixar sempre um bilhete perto da pia, para lembrá-las sempre de fechar a torneira? Pode ser uma boa ideia.

# Arejadores

Instale arejador nas torneiras comuns. O uso de um arejador na ponta da bica oxigena a água, misturando ar ao fluxo, o que promove uma economia de até 50% no consumo de água. Outra vantagem está na redução de respingos. Caso sua torneira não tenha arejador, você pode comprar uma pecinha avulsa, de rosca ou encaixe, conforme a necessidade.

O bom desse tipo de produto é que você tem a mesma sensação de conforto, mas na verdade existe uma mistura de água e ar.

# Restritores de vazão

Reduza a vazão da água utilizando restritores de vazão para reduzir o fluxo de água, podendo obter até 60% de economia.

# Prefira torneiras únicas

Quem utiliza torneiras com medição individual para água quente e fria sabe quanta água é gasta até se chegar à temperatura ideal. Por isso, prefira as torneiras com saída única de água. Dessa forma, a água já cairá misturada, e você poderá acertar a temperatura mais facilmente, contribuindo para a economia de água.

# Acionamento automático no banheiro

Para quem está com um pouco mais de dinheiro na carteira, ainda é possível investir em uma *torneira automática*. Ela tem um tempo controlado de fluxo de água que não passa de dez segundos. E, aliás, esse tempo é suficiente para lavar bem as mãos e escovar os dentes.

A torneira funciona por pressão do metal ou por meio dos sensores de presença, que são ainda mais eficientes, já que a água para de sair sempre que você afasta as mãos da pia. Essas torneiras realmente são mais caras que as comuns, mas a economia de água chega a até 70%.

# Truques pra lavar louça

Limpeza prévia: A economia de água na lavagem da louça começa antes de se abrir a torneira, com a limpeza de pratos e talheres com uma esponja seca.

De molho: coloque um pouco de água em uma panela ou faça da pia um tanquinho, deixando tudo de molho por alguns minutos. Isso já vai soltando o alimento e facilitando a lavagem.

## ATITUDE

A água quente ajuda a diluir a gordura, o que reduz o uso de detergente e de água para tirar o sabão. Mas aquecer água consome energia. Imprima mais força nos braços. E só aqueça a água se estiver muito frio. Afinal, vivemos em um país tropical, e mesmo quando a temperatura cai, não é tão tenebroso assim, vai!

Use sabonetes, cremes dentais, detergentes, shampoos e cremes biodegradáveis. Eles estão crescendo no mercado nacional. O uso de espumas convencionais é um grande poluente de nossa água na produção e, principalmente, no descarte.

Ordem das louças: o ideal é ensaboar tudo de uma só vez. Mas primeiro os copos e taças, e depois as louças gordurosas. Se você começa a ensaboar o prato, a gordura do alimento é muito maior e acaba passando para o copo. Aí será necessário mais sabão para limpar o copo e, consequentemente, mais água para eliminar a espuma.

Água reaproveitada: no enxágue, a sequência é a mesma da lavagem, e as peças devem estar todas juntas. A água deve ser reaproveitada antes de ir para o ralo. A que passa pelo copo, por exemplo, serve para molhar as outras peças e adiantar a remoção do detergente. Um filete de água saindo da torneira já é suficiente para tirar o sabão.

## Na máquina de lavar louça

Ao contrário do que se imagina, máquina de lavar é uma ótima alternativa para evitar o desperdício de água. Com 30 litros ela consegue lavar a louça de quatro pessoas. A mesma quantidade de utensílios, quando lavados na pia, pode consumir até 100 litros de água. A ressalva é: ligue a máquina de lavar apenas quando ela estiver cheia, e prefira os ciclos mais curtos e com água fria. Para que tudo fique limpinho, passe na louça um guardanapo já usado, a fim de tirar a gordura em excesso e os restos de alimentos.

## Na máquina de lavar roupas

O consumo de uma máquina de lavar de 5 quilos é de 135 litros de água.

Quando for lavar as roupas, espere juntar uma quantidade de peças que encha a sua máquina, para ligá-la menos vezes na semana. Prefira sabão líquido concentrado. Ele vem armazenado em uma embalagem menor, que economiza água e plástico na sua fabricação e, ao mesmo tempo, proporciona redução na emissão de $CO_2$, tanto em sua produção como em sua distribuição, pois seu tamanho permite acomodar um maior número de unidades por caminhão, além de gastar menos matéria-prima, que, aliás é 100% reciclável! Utilize uma tampinha de sabão concentrado para uma máquina cheia.

40    PARTE 1 **Por que e Como Cuidar da Água**

Use apenas meia tampinha do amaciante concentrado para finalizar o processo. Essa quantidade é suficiente para amaciar.

É possível coletar a água descartada com sabão e usar para lavar o piso.

Essas medidas simples reduzem os impactos causados na natureza e ajudam a preservar os recursos naturais, além de proporcionarem economia na quantidade de energia e água gasta diariamente, ajudando também o seu bolso.

## No tanque

Se as roupas são lavadas no tanque, deixe-as de molho e use a mesma água para esfregar e ensaboar. Use água nova apenas no enxágue. Aproveite esta última água para lavar o quintal ou a área de serviço.

## No jardim

A mangueira é prática, mas pode ser um sumidouro de água. Por isso, regue suas plantas com moderação. Se está ameaçando chover, não faz sentido você molhar suas plantas. Use a água da chuva. Caso seja necessário regar, prefira fazer isso à noite ou no início da manhã. Nessas horas mais frias as plantas usam menos água para sobreviver. Fazendo isso, elas permanecerão molhadas por mais tempo, e você não terá que repetir o ato tão cedo, economizando água.

Se você regar ao meio-dia, sob muito Sol, você pode matar "cozidas" as suas plantas.

**FIGURA 3-5:** Irrigação consciente do jardim.

Irrigue suas plantas com um sistema de gotejamento. Esse sistema irriga as plantas de forma lenta, contínua e controlada, e garante uma boa economia de água. Você pode montar um desses em seu jardim fazendo pequenos furos em uma mangueira e colocando-a próxima ao caule das plantas, de modo a umedecer as raízes de maneira contínua. Esse método de irrigação é preciso e econômico. Um aspersor de grama comum, por exemplo, pode medir a vazão de água em litros por minuto, enquanto um gotejador é classificado em litros por hora. A vazão de água é tão vagarosa que é facilmente absorvida pelo solo. Em um sistema bem ajustado há pouca probabilidade de excesso de escoamento de água e desperdício.

## Na calçada ou no quintal

**FIGURA 3-6:** Vassoura é a melhor opção para limpeza da calçada.

Quando for lavar a calçada ou o quintal, troque a mangueira por vassoura e balde. Primeiro varra o local para tirar a sujeira mais grossa e depois jogue a água do balde para finalizar a limpeza. Se um balde de água não for suficiente, encha outro. Fazendo isso você poderá economizar até 250 litros de água.

## Na piscina

**FIGURA 3-7:** Manutenção da água da piscina.

Se você tem piscina em casa, procure mantê-la sempre coberta. Dessa forma você evita que litros de água evaporem todos os meses. Uma piscina média exposta ao Sol e ao vento tem uma taxa de evaporação de até 3.800 litros mensalmente. Com uma cobertura (encerado, material plástico), a perda é reduzida em 90%.

## Na lavagem do carro

Aqui também é bom esquecer a mangueira. A dica é usar um borrifador, um pano úmido e um pano seco. Você pode comprar um xampu automotivo com cera que dispense enxágue. Coloque o xampu com um copo de água no borrifador. Escolha um local com bastante sombra, para a água não secar rápido, borrife o xampu diluído em água para dissolver a sujeira da lataria, e depois passe o pano seco. Nos vidros, passe apenas o pano seco. Cuidado para não riscar o carro; isso acontece se ele estiver, por exemplo, cheio de lama.

# Como Tomar Banho de Maneira Sustentável

Nada melhor do que chegar em casa e tomar aquela ducha de água refrescante, correto? Muitas vezes o banho representa uma das poucas situações de nosso dia a dia em que temos tempo para nós mesmos, quando podemos relaxar. Mas tanta abstração pode significar um desperdício significativo, principalmente entre nós. Por quê? Porque brasileiro gosta de banho. Somos recordistas mundiais.

De acordo com uma pesquisa realizada em 2015 pela consultoria de análise de tendências Euromonitor, os brasileiros podem tomar banho, em média, até 12 vezes por semana. Além do Brasil, os sociólogos colocam a Colômbia e a Austrália entre as nações menos alérgicas à água, com 10 e 8 banhos semanais por pessoa, respectivamente. Indonésia e México vêm logo atrás, com cerca de 7 banhos cada. Na lanterninha dessa pesquisa estão os chineses, que aparentemente só tomam banho uma vez a cada dois dias.

**1.** **Prefira os modelos econômicos**

Ao comprar um chuveiro, prefira os modelos econômicos, que são de baixo fluxo e diminuem bastante o consumo de água na hora do banho. Com esse produto é possível ter uma economia que varia de 20% até 60%. Você também pode comprar os dispositivos para diminuir a vazão do chuveiro. Eles são produtos baratos e reduzem o consumo de água em até 70%.

## 2. Instale dispositivos para diminuir a vazão do chuveiro

São materiais baratos que reduzem o consumo em até 70%.

- Regulador de vazão para chuveiro ou ducha

**FIGURA 3-8:** Regulador de vazão de água.

**Reguladores de vazão** para chuveiro ou ducha são dispositivos que devem ser colocados na tubulação entre a conexão da parede e o chuveiro. São uma ótima alternativa para quem mora em prédio ou usa aquecimento a gás, solar etc. Eles são bem fáceis de ser instalados e possuem até uma regulagem por um parafuso lateral. Depois de instalar o dispositivo, você não precisará mais se preocupar com a vazão máxima do chuveiro. Eles servem para as duchas com aquecimento central, e também são facilmente encontrados em casas de materiais de construção. Aparecem em versões de 8, 14 e 16 litros por minuto e devem ser utilizados com pressão superior a 10mca (metros de coluna d'água). A economia dependerá da vazão do chuveiro, mas se todos os cuidados forem tomados, ela chega a 80%.

- Restritor de vazão

**FIGURA 3-9:** Tipos de restritores.

Dispositivos para chuveiros com aquecimento central, os **restritores** podem ser encontrados nas versões de 8, 14 e 16 litros por minuto e devem ser utilizados com pressão superior a 10mca. O potencial econômico dos restritores depende da vazão atual do chuveiro utilizado, podendo chegar até 80%.

- Registro regulador de vazão

**FIGURA 3-10:** Tipos de registros reguladores.

Já o **registro regulador de vazão** nada mais é do que um registro adicional instalado na tubulação antes do registro do chuveiro. Esse produto é muito importante para quem utiliza água da rede pública diretamente no chuveiro, em especial no verão.

- Redutor de vazão

**FIGURA 3-11:** Tipos de registros reguladores.

3. **Reduza o tempo do banho**

   Tome banhos mais curtos. Cada minuto a menos pode reduzir o consumo em 23 litros. Se achar difícil de se controlar, compre um timer e ajuste-o para no máximo 5 minutos, tempo recomendado pela OMS. O ideal é se molhar, fechar o chuveiro, se ensaboar e depois abrir para se enxaguar. Não fique com o chuveiro aberto. O consumo cairá de 240 para 80 litros durante esses 5 minutos.

## CHUVEIRO ILUMINADO

Três estudantes norte-americanos criaram o Uji, um chuveiro iluminado que passa da luz verde para a vermelha depois de sete minutos de banho. Eles também desenvolvem outro modelo que programa o tempo de banho de acordo com a necessidade do usuário.

Brett Andler, Sam Woolf e Tyler Wilson projetaram o chuveiro durante uma aula de engenharia mecânica. A ideia chamou a atenção do Departamento de Energia e do Lawrence Berkeley National Laboratory, que ajudaram a pagar o protótipo do Uji. Agora os empreendedores estão em busca de financiamento e conversam com grandes fabricantes do setor para ver se conseguem colocar o chuveiro em produção.

Chuveiro iluminado passa da luz verde para a vermelha depois de sete minutos de banho. Confira o vídeo do funcionamento do chuveiro em: <http://www.youtube.com/watch?v=xoqafmk5daw>.

## 4. Reaproveite a água do banho

A água que cai do chuveiro também pode ser reaproveitada para lavar a roupa ou para qualquer outra atividade da casa. Para isso, deve-se colocar um balde ou bacia embaixo do chuveiro para armazenar aquela água.

No caso do chuveiro a gás, o desperdício pode ser ainda maior. Isso porque a água demora para aquecer, fazendo com que boa parte dela escoe para o ralo sem nenhum uso. Recolha a água enquanto espera pela temperatura ideal, deixando um balde debaixo do chuveiro.

As águas provenientes de lavagens, como chuveiros e pias, são chamadas de águas cinzas. Elas podem ser coletadas e destinadas a usos como o de lavagem de pisos, entre outros não potáveis, que não precisem de água tratada.

## GRANDE IDEIA

Veja só que invenção incrível desenvolvida pelo designer Alberto Vasquez, capaz de armazenar até 95% da água do banho.

O nome do equipamento é Gris.

São quatro compartimentos interligados, que devem ser usados como um tapete durante o banho. A parte central é inclinada para baixo, e os compartimentos vão enchendo. Depois do banho, é só desmontar os quatro para carregar para onde quiser a água cinza guardada ali. Só para se ter uma ideia, o uso de bacias e baldes com o mesmo objetivo reaproveita apenas 30% da água.

O protótipo já existe, e agora a ideia é produzi-lo em larga escala. O preço deve ser de até US$40.

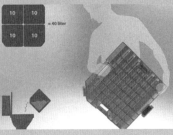

## ENSINE UMA CRIANÇA

Faça do banho uma corrida. Isso mesmo! Porque a cada um ou dois minutinhos economizados, já são até 150 litros de água a menos por mês. Utilize um cronômetro e dê recompensas sempre que ela atingir a meta ou reduzir ainda mais o tempo do banho. Porém, vale lembrar que a higiene também é importante, então, só é válida a brincadeira se o pequeno lavar todas as partes do corpo direitinho!

E **faça xixi no banho**: uma pessoa adulta e saudável faz xixi cinco vezes por dia, em média. Se fizesse no banho pelo menos uma vez por dia, economizaria uma descarga e pouparia 12 litros de água diariamente. Em um ano, a economia chega a mais de 4 mil litros de água. Seguindo o mesmo cálculo, se uma família de cinco pessoas adotar o hábito, a economia de água tratada será de 60 litros por dia. Durante um ano, quase 22 mil litros deixarão de ir embora pelo vaso sanitário.

## Banheira sustentável

Ter uma banheira em casa é um luxo que quase todo mundo gosta, não é mesmo? Mas a banheira, em geral, requer mais água que o chuveiro.

Um banho de banheira gasta em média 80 litros de água, enquanto que o chuveiro (aberto durante cinco minutos) gasta 45 litros. Por isso, tente evitar ao máximo o banho de banheira e deixe-o apenas para ocasiões especiais. E, ainda assim, evite enchê-la demais: a água deve ser suficiente apenas para cobrir seu corpo quando estiver deitado.

Além de economizar um bem precioso, que é a água, você reduzirá a conta no final do mês.

Considere a **instalação de um sistema de reciclagem de água cinza para a banheira**, o chuveiro e a pia. A água pode ser usada no jardim, nas descargas dos banheiros e até para lavar roupas.

## DICA SUSTENTÁVEL

- Para limpar um determinado ambiente, basta diluir um pouco do desinfetante escolhido em água. A quantidade a ser diluída depende do quanto de água você vai usar, que deve ser de acordo com o tamanho do espaço que vai limpar.

- Na hora de higienizar a geladeira e o fogão, umedeça um pano ou esponja macia e acrescente um pouco de detergente. Repita o processo sem o detergente para finalizar. Isso também evitará arranhões ou outros danos, como corrosão.

> **NESTE CAPÍTULO**
>
> » A água que cai das nuvens precisa ser tratada
>
> » Métodos de captação da água da chuva e as formas de reúso

# Capítulo **4**

# A Água da Chuva

água da chuva varre a sujeira do céu, carregando poeira e substâncias tóxicas. A chuva em São Paulo, por exemplo, contém os seguintes venenos: amônio (que vem da amônia, substância produzida em processos de decomposição, inclusive aqueles ligados ao metabolismo de seres vivos), nitrato (resultante da emissão de óxidos de nitrogênio pelos escapamentos), sulfato (originado dos óxidos de enxofre lançados com a queima de combustíveis) e ácidos fórmicos e acéticos (que vêm dos hidrocarbonetos, também liberados pelos carros). Pior: quando a chuva cai, minúsculos grãos de poeira e de fuligem (aquela fumaça preta) ou até mesmo vírus e bactérias podem vir de carona nas gotas.

# Características da Água da Chuva

**FIGURA 4-1:** A água da chuva e suas substâncias.

As nuvens formadas no campo podem ter excesso de cálcio e potássio. Já nuvens do litoral têm sódio. Essas substâncias podem causar hipertensão e problemas de coração, entre outros.

E mesmo que você viva longe da agricultura ou de grandes centros, não está imune. As nuvens podem vir de cidades distantes. Uma pesquisa realizada pela USP mostrou que os poluentes gerados em São Paulo podem se espalhar por até 350 quilômetros, em caso de ventos fortes.

LEMBRE-SE

Ou seja, a água de chuva não é recomendada para consumo.

Porém, podemos utilizar essa água para muitos outros fins não potáveis:

- Irrigação
- Descargas
- Lavagem
- Controle de temperatura

E existe a possibilidade de tratamentos mais complexos para garantir a potabilidade.

# Como Captar a Água da Chuva?

Os sistemas de captação da água da chuva são uma ótima forma de otimizar o uso da água, evitar o desperdício, economizar dinheiro — pois levam a até 50% de economia na conta da água — e ajudar a conter enchentes, pois ao armazenar parte da água você ajuda a evitar que ela alague a cidade, e ainda diminui sua quantidade no esgoto.

O processo de captação é simples: coletamos a chuva através das calhas ou do escoamento do telhado. Dispensamos o início da chuva e armazenamos essa água em um reservatório, nomeado de cisterna. Também conhecida como algibe, a cisterna recolhe e armazena a água para usos não potáveis em geral e pode ser instalada em casas, apartamentos, condomínios e indústrias.

Ela funciona da seguinte maneira: a água da chuva passa por um filtro que eliminará mecanicamente impurezas como folhas ou pedaços de galhos. É bom instalar filtros também nos tubos para tratar a água dos primeiros minutos da chuva, porque são neles que está concentrada a maior parte da poluição do ar. Depois de dois minutos de chuva, a água chega bem mais limpa.

Um freio d'água impede que a entrada de água na cisterna agite seu conteúdo e suspenda partículas sólidas depositadas no fundo.

O excesso de água da chuva que você não for armazenar deve ser infiltrado na terra, para ajudar também a evitar alagamentos e enchentes.

Veja a seguir o caminho e os componentes que possibilitam o reaproveitamento da água da chuva.

## ENSINE A UMA CRIANÇA

A reutilização da água da chuva é muito importante em todas as residências. Com ela é possível aguar as plantas e lavar o quintal, e pode até ser usada nos vasos sanitários. Por isso, ensine as crianças a colocarem baldes espalhados pelo quintal, com uma pedra dentro, para não tombarem. Quando chover, os baldes ficarão cheios. Os pequenos vão adorar ver esse processo!

CAPÍTULO 4 **A Água da Chuva** 51

# Como Escolher Sua Cisterna

A escolha da cisterna vai variar de acordo com suas necessidades. Você pode optar por modelos de alvenaria, que demandam uma obra civil (mas têm grande capacidade), ou por modelos pré-fabricados (mas que também precisam de obras, por necessitarem ser enterrados).

Se você estiver procurando por cisternas mais baratas e que não necessitem de grandes obras, as de polietileno resistente são boas opções. Elas requerem uma instalação simples, já que são compactas e não precisam ser enterradas, o que diminui os custos de instalação. Só precisam ser bem vedadas, longe dos raios do Sol ou de detritos de animais.

Muitas cisternas são enterradas para evitar a incidência de luz solar e, por conseguinte, a proliferação de algas e outros micro-organismos. Outra vantagem é que, enterrada, ela ocupa menos espaço útil do terreno e também ajuda a manter a temperatura da água fresca.

As cisternas apresentam diferentes capacidades, de acordo com suas necessidades — desde cem até 16 mil litros.

## Três passos para calcular corretamente sua cisterna

### 1. Calcular qual será o volume consumido dessa água não potável

Seu consumo variará, dependendo do número de pessoas em sua casa.

Use o quadro a seguir para estimar qual será o consumo de água que pode ser substituída por água da chuva.

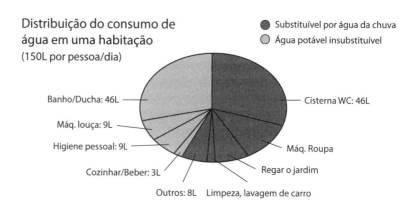

**FIGURA 4-2:** Consumo de água em uma habitação.

## 2. Calcular a capacidade de captação que seu telhado ou laje permite

Para calcular a capacidade de captação de seu sistema, você precisa saber quanto chove por mês na sua região. Esse dado é encontrado como índice pluviométrico. Veja a seguir um exemplo.

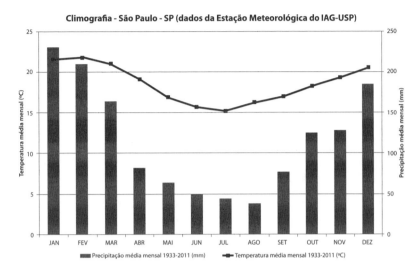

**FIGURA 4-3:** Climografia.

Esse gráfico informa quantos milímetros de água seriam acumulados por mês por metro quadrado. Cada milímetro é equivalente a 1 litro.

Depois basta você multiplicar esse dado pela área do telhado em metros quadrados. Você deve multiplicar esse valor por um coeficiente de evaporação de 0,8, chegando ao volume total da capacidade de captação do seu telhado ou laje.

Para uma correta implantação de sistema de aproveitamento de água da chuva, devem ser seguidas as normas técnicas da NBR 15.527.

## CISTERNA PARA TODOS

Diante da crise hídrica, cidadãos de São Paulo começaram o Movimento Cisterna Já, uma alternativa emergencial à crise. O movimento procura promover a capacitação para aqueles que queiram fazer a captação e o aproveitamento da água da chuva.

# PERIGO

E se abrirmos a tampa da caixa d'água?

Não faça isso! A água parada ao ar livre serve de criadouro para mosquitos. Lembre-se: sempre que armazenar água parada, deixe-a em um ambiente fechado e escuro, para evitar a proliferação de mosquitos e micro-organismos.

### 3. Calcular o tamanho de sua cisterna

Você pode construir uma cisterna de concreto, comprar um modelo de fibra (parecida com uma caixa d'água) ou adquirir módulos mais compactos.

Se optar por uma sob medida, você deve calcular o tamanho necessário usando as seguintes fórmulas:

Redonda: calcule a área da base com 2(pi) $R^2$ e multiplique pela altura para descobrir a área total do cilindro.

Quadrada: multiplique o valor do comprimento pela largura e pela profundidade.

**NESTE CAPÍTULO**

» **70% dos corpos de água doce do mundo estão contaminados**

» **Como combater a poluição dos lagos e rios**

» **Países avançados na limpeza da água**

# Capítulo 5

# Poluição e Tratamentos de Água

Água limpa, cristalina, é coisa rara. A maior parte dos rios e lagos de água doce existentes no mundo é contaminada e sua recuperação demanda muito dinheiro. Neste capítulo estudaremos que poluição é essa, como podemos combatê-la, e conheceremos exemplos de países que saíram na frente em busca da água limpa de novo.

## Como Poluímos a Água?

A água pode ter sua qualidade afetada pelas mais diversas atividades do homem, sejam elas domésticas, comerciais ou industriais. Cada uma dessas atividades gera poluentes característicos, que apresentam diferentes implicações na qualidade do corpo receptor.

A poluição pode ter origem química, física ou biológica, sendo que, em geral, a adição de um tipo desses poluentes altera também as outras características da água.

# Tipos de Poluentes da Água

PAPO DE ESPECIALISTA

Os poluentes físicos causam mudanças de temperatura, cor e turbidez da água.

Os poluentes químicos incluem inorgânicos, de íons comuns até metais tóxicos, e orgânicos, como detergente e óleos.

A poluição biológica ocorre quando há a introdução de bactérias, vírus e parasitas, bem como algas e plantas aquáticas, que podem causar danos ao equilíbrio do meio ambiente.

Segundo relatório da ONU, 80% das águas residuais não são recolhidas ou tratadas, e são depositadas em outras massas de água ou infiltradas no subsolo, resultando em problemas de saúde à população, além de danos ao meio ambiente.

No Brasil, os rios mais poluídos se encontram em áreas urbanas. Somente 42,6% do esgoto doméstico são coletados, e apenas 30,5% recebem algum tratamento.

LEMBRE-SE

A melhor ação para a recuperação da qualidade das águas ainda é a prevenção e o cuidado para que poluentes não sejam lançados no ambiente sem o tratamento adequado. A tecnologia adequada para o tratamento deve ser selecionada e dimensionada com base no tipo de contaminação do efluente líquido e o nível de tratamento que se quer atingir. Por outro lado, a recuperação de um rio ou lago já contaminado é muito dispendiosa e demorada.

Existem tecnologias que permitem transformar o esgoto em água potável, mas a questão principal é o custo do tratamento, pois, dependendo do nível de poluição, os recursos financeiros necessários para a purificação da água podem ser bastante elevados.

# Principais Fontes de Poluição Hídrica

## Esgoto doméstico

A principal fonte de poluição dos corpos hídricos superficiais é o esgoto doméstico não tratado. As águas que compõem o esgoto doméstico são aquelas utilizadas para higiene pessoal, cocção e lavagem de alimentos e utensílios, além da água usada em vasos sanitários.

Os esgotos domésticos são constituídos primeiramente por matéria orgânica biodegradável, micro-organismos (bactérias, vírus etc.), nutrientes (nitrogênio e fósforo), óleos e graxas, detergentes e metais.

Os níveis de poluição das águas chegaram a um ponto em que fica cada vez mais difícil reverter a situação, o que pode acarretar falta de água para consumo e diversos problemas de saúde.

O esgoto doméstico, por exemplo, consome oxigênio em seu processo de decomposição, causando a mortandade de peixes. Os nutrientes (fósforo e nitrogênio) presentes nesses despejos, quando em altas concentrações, causam a proliferação excessiva de algas, o que também desequilibra o ecossistema local. Essa superpopulação de vegetais oportunistas e de micro-organismos decompositores que consomem o oxigênio provoca a morte das espécies aeróbicas. Então, quando morrem por asfixia, presença de seres anaeróbicos, que produzem ácido sulfídrico, passa a ser predominante na água.

Os efluentes do esgoto doméstico podem ser classificados basicamente em dois tipos: águas marrons e águas cinzas.

A divisão das águas marrons (oriundas do vaso sanitário) e das águas chamadas cinzas (não contaminadas com fezes) permite o tratamento prático e descentralizado dos diferentes tipos de efluentes domésticos, o que possibilita o reúso da água e o aproveitamento dos nutrientes contidos no esgoto.

O que devemos fazer? Vamos jogar no rio? Mas a cidade tem muita gente, o rio vai cheirar muito mal, e não vamos poder andar de barco nem nadar nele. Na verdade, se tornará difícil até mesmo passar perto dele. Por isso, temos que tratar nosso esgoto antes de dispensá-lo.

CUIDADO

O tratamento da água cinza é relativamente simples, dependendo do objetivo do reúso, podendo ser feito nas próprias residências, inclusive com aplicação direta no solo para irrigação de árvores e jardins, desde que sejam seguidos alguns critérios de ordem sanitária. Já o efluente do vaso sanitário, contendo fezes e urina, necessita de sistemas de tratamento mais complexos para reduzir sua carga de agentes patogênicos.

## ESGOTO

Um exemplo típico de poluição por esgoto doméstico é a deterioração da qualidade das águas da represa Billings, situada na região sul da grande São Paulo, para a geração de energia. Para isso, reverteu-se o rio Pinheiros, jogando as águas dele e do rio Tietê na represa Billings. Isso permitiu aumentar a vazão regulável da represa. Entretanto, os rios Pinheiros e o Tietê recebem o esgoto de toda a grande São Paulo.

Com sistemas biodigestores para a decomposição natural dos excrementos por bactérias transformamos o esgoto em adubo. Os filtros biológicos feitos com plantas como a bananeira, além de filtrar a água, ajudam a produzir frutos nutritivos.

Já o saneamento ecológico tem como enfoque o aumento da disponibilidade hídrica através da economia de água e da proteção dos recursos hídricos pelo não lançamento de esgoto — tratado ou não — nos cursos de água, possibilitando a reutilização racional de todos os nutrientes presentes nas excretas. Também representa uma das formas de diminuir as emissões de carbono.

Dentre as técnicas existentes de tratamento ecológico de esgoto, destacamos as seguintes como mais simples, eficientes e acessíveis:

» BET (Bacia de Evapotranspiração).
» Fossa séptica biodigestora.
» Biodigestores chinês e indiano (que se aplicam mais em áreas rurais e produzem biogás) e banheiro seco (sanitário compostável seco).
» Filtros biológicos (utilizados para o tratamento das águas cinzas).

# Poluição Atmosférica

O lançamento de gases poluentes na atmosfera por veículos automotores, indústrias, usinas termelétricas, entre outros, tem aumentado a acidez das chuvas. O dióxido de carbono, o óxido de nitrogênio e o dióxido de enxofre reagem com as partículas de água presentes nas nuvens, sendo que o resultado desse processo é a formação do ácido nítrico ($HNO_3$) e do ácido sulfúrico ($H_2SO_4$). Quando esses poluentes se precipitam em forma de chuva, neve ou neblina, ocorre o fenômeno conhecido como chuva ácida, que, em virtude da ação das correntes atmosféricas, também pode ser desencadeada em locais distantes de onde os poluentes foram emitidos.

A chuva ácida se infiltra nos solos, indo até os lençóis, de onde vêm as águas de rios e lagos. Além da contaminação da água potável, ela provoca a destruição de lavouras e de florestas, modificação das propriedades do solo, alteração nos ecossistemas aquáticos, danificação de edifícios, corrosão de veículos e monumentos históricos etc. De acordo com o Fundo Mundial para a Natureza (WWF), cerca de 35% dos ecossistemas do continente europeu foram destruídos pelas chuvas ácidas.

A maior ocorrência de chuvas ácidas até os anos 1990 era nos Estados Unidos. Contudo, esse fenômeno se intensificou nos países asiáticos, principalmente na China, que consome mais carvão mineral do que os Estados Unidos e os países europeus juntos. No Brasil, a chuva ácida é mais comum nos estados do Rio de Janeiro e de São Paulo.

# Resíduos industriais

As águas residuárias industriais apresentam uma grande variação tanto em sua composição como em sua vazão, refletindo seus processos de produção.

Originam-se em três pontos: a) águas sanitárias: efluentes de banheiro e cozinhas; b) águas de refrigeração: água utilizada para resfriamento; c) águas de processos: águas que têm contato direto com a matéria-prima do produto processado.

As características das águas sanitárias são as mesmas dos esgotos domésticos.

As águas de refrigeração provocam poluição térmica. Esse efluente, quando despejado no rio, acarreta o aumento da temperatura da água, diminuindo a concentração de oxigênio e impactando os organismos.

Além disso, as águas de refrigeração são fontes potenciais de cromo.

PAPO DE ESPECIALISTA

As águas de processo têm características próprias do produto que está sendo manufaturado. Nelas podem estar incluídos produtos químicos (cianureto, pesticidas, solventes), metais (mercúrio, cádmio, chumbo) e solventes químicos, que ameaçam os ciclos naturais de onde são despejados.

Essas águas necessitam de tratamento especial, devido ao seu potencial de envenenamento. Caso contrário, podem contaminar o solo e outros mananciais de água. Os poluentes químicos presentes em agrotóxicos e metais, por exemplo, provocam um efeito tóxico em animais e plantas aquáticas, podendo se acumular em seus organismos.

## MARIANA E BRUMADINHO

O rompimento das barragens do Fundão e de Santarém, da mineradora Samarco, em Mariana (MG), ocorrido no dia 5 de novembro de 2015, é considerado a maior tragédia ambiental de toda a história do país. A Samarco é uma *joint-venture* da companhia Vale do Rio Doce e da anglo-australiana BHP. O acidente liberou na região o equivalente a quase 25 mil piscinas olímpicas de uma mistura de resíduos de minério de ferro, água e lama, deixando um rastro de destruição e causando prejuízos que alcançam o estado do Espírito Santo.

Segundo Paulo Saldiva, pesquisador da Universidade de São Paulo e do Departamento de Saúde Ambiental da Universidade de Harvard, nos Estados Unidos, os rejeitos formarão um "tapete mortal" no fundo do Rio Doce e seus afluentes. Além disso, podem penetrar o solo e se infiltrar no lençol freático, inviabilizando o plantio e o uso da água de poços. Isso porque os rejeitos advindos da extração do ferro contêm substâncias que modificam o pH do solo e da água, podendo tornar ambos muito básicos ou muito ácidos.

*(continua)*

*(continuação)*

Três anos e dois meses após a tragédia de Mariana, o Brasil e o mundo assistiram perplexos ao rompimento de mais uma barragem da Vale, mineradora multinacional brasileira. Desta vez em Brumadinho, região metropolitana de Belo Horizonte, em Minas Gerais. No início da tarde do dia 25 de janeiro de 2019, Barragem 1 da Mina Córrego do Feijão desabou, e uma grande avalanche de rejeitos de minério de ferro atingiu a área administrativa da Vale, casas, estradas, pontes e grande parte da comunidade da Vila Ferteco, deixando um grande rastro de destruição. O Rio Paraopeba, um dos afluentes do rio São Francisco, foi contaminado pela lama. Até o dia 17 de fevereiro de 2019, a defesa civil do Estado havia contabilizado 166 mortos e 144 desaparecidos.

No momento do acidente, as sirenes de alerta não foram tocadas, o que contribuiu para o grande número de mortes nessa tragédia, uma vez que as pessoas não foram avisadas para adotar os procedimentos de segurança.

De acordo com o presidente da Vale, Fabio Schvartsman, uma única barragem se rompeu e causou o transbordamento de outra. A barragem que se rompeu foi construída em 1976, estava desativada e apresentava um volume de 11,7 milhões de metros cúbicos de rejeitos. As causas do rompimento ainda não são conhecidas, mas a empresa apresentou declarações de estabilidade que atestavam a segurança tanto física quanto hidráulica da barragem. A Polícia Federal e a Polícia Civil de Minas Gerais abriram investigação para averiguar se os documentos técnicos foram fraudados.

### Impactos ambientais

De acordo com a Vale, a lama proveniente do rompimento da barragem não era tóxica. Mas a enorme quantidade de material atingiu uma grande área (290 hectares) com remanescentes da Mata Atlântica e, portanto, rica em biodiversidade.

Além disso, a lama, que contém ferro, sílica e água, atingiu o rio Paraopeba, que é um dos afluentes do rio São Francisco, comprometendo a qualidade da água na região. A composição da lama também foi responsável por diminuir a quantidade de oxigênio disponível na água, desencadeando a morte da fauna e da flora aquáticas.

Um dos primeiros impactos é a alteração da composição original do solo. Além disso, a lama, ao secar, geralmente torna a região bastante compacta, prejudicando o desenvolvimento de vegetação. Os impactos ambientais do rompimento da barragem em Brumadinho serão provavelmente inferiores aos impactos do rompimento da barragem em Mariana, que é considerado o maior desastre ambiental do nosso país.

Para evitar novos desastres, a Agência Nacional de Mineração aprovou uma resolução que determina a desativação, em todo o país, de barragens construídas pelo método de alteamento a montante, como a que se rompeu em Brumadinho.

Ministério Público, Vale e famílias de vítimas vinculadas à mineradora ou terceirizados ainda discutem a indenização por danos materiais e morais.

Dezoito organizações de meio ambiente e direitos humanos pediram que a Vale seja excluída do Pacto Global, uma iniciativa da ONU para boas práticas ambientais, humanas e sociais. A denúncia afirma que a empresa falhou em vários aspectos que levaram ao desastre em Brumadinho.

Atualmente há uma grande pressão para que as leis ambientais sejam cumpridas, o que gera uma maior procura por suporte e orientação ambiental. Mas essa preocupação, no entanto, não é uma prioridade para todas as indústrias. Grande quantidade de efluentes continua sendo despejada de maneira irrefreada no meio ambiente, sem nenhuma espécie de triagem, cuidado e tratamento intermediário, e o resíduo industrial é um dos maiores responsáveis pelas agressões fatais ao ambiente.

## Mineração

Os impactos sobre os recursos hídricos da atividade de mineração dependem da substância mineral que está sendo beneficiada.

O beneficiamento do ouro, por exemplo, tem como principal impacto a contaminação das águas por mercúrio. Já a extração de chumbo, zinco e prata gera rejeitos ricos em arsênio.

A mineração do carvão tem como impacto a contaminação das águas superficiais e subterrâneas pela drenagem de águas ácidas proveniente de antigos depósitos de rejeitos. E a produção de agregados para a construção civil tem como impacto a geração de areia e o aumento da turbidez.

Além desses fatores, que são específicos para cada mineral beneficiado, ainda existem impactos resultantes de ações comuns, como construção de barragens, desmatamento e desencadeamento de processos erosivos.

## Agricultura

Os principais poluentes da atividade agrícola são os defensivos agrícolas. Os defensivos químicos empregados no controle de pragas são pouco específicos, destruindo indiferentemente espécies nocivas e úteis. Existem pesticidas extremamente tóxicos, instáveis, que podem causar danos imediatos, mas não causam poluição em longo prazo. Um dos problemas do uso dos praguicidas é o acúmulo ao longo das cadeias alimentares. Os inseticidas, quando usados de forma indevida, acumulam-se no solo, e os animais se alimentam da vegetação, prosseguindo o ciclo de contaminação. E com as chuvas, os produtos químicos usados na composição dos pesticidas se infiltram no solo, contaminando os lençóis freáticos e escorrendo para os rios.

O desenvolvimento da agricultura também tem contribuído para a poluição do solo e das águas. Fertilizantes sintéticos e agrotóxicos (inseticidas, fungicidas e herbicidas), usados em quantidades abusivas nas lavouras, poluem o solo e as águas dos rios, onde intoxicam e matam diversos seres vivos dos ecossistemas.

## DDT

O uso indiscriminado e descontrolado do diclorodifeniltricloroetano (DDT) fez com que o leite humano, em algumas regiões dos EUA, chegasse a apresentar mais inseticida do que o permitido por lei no leite de vaca. O DDT, além de outros inseticidas e poluentes, possui a capacidade de se concentrar em organismos. Ostras, por exemplo, que obtêm alimento por filtração da água, podem acumular quantidades enormes de inseticida em seus corpos.

## Erosão

Os sedimentos gerados pela erosão — sólido em suspensão — aumentam a turbidez da água, afetando os organismos aquáticos e causando assoreamento do corpo d'água.

## Reúso de água

A ideia de reutilizar a água é uma das soluções mais sustentáveis para resolver a escassez hídrica no mundo. O reaproveitamento de efluentes para fins potáveis é tendência mundial rápida, segura e juridicamente viável.

Na verdade, o sistema imita o sistema natural, pois a água é finita e está sendo sempre reutilizada. A água de reúso pode ser definida como a água residuária que está dentro de padrões estabelecidos para sua reutilização. Normalmente a água residuária é proveniente do banho, da cozinha, de processos de fabricação industrial e de águas de infiltração. O reúso geralmente é feito nas estações de tratamento de esgoto, onde as partículas sólidas e as impurezas são removidas.

Existem dois tipos principais de reúso: o indireto e o direto. O *reúso indireto* é aquele em que a água é utilizada pelo homem e liberada novamente nos corpos hídricos com ou sem tratamento prévio. O *reúso direto*, por sua vez, é o uso planejado da água residuária. Dessa forma, são realizados tratamentos, e essa água é transportada até seu local de uso. Neste último caso, a água não é lançada no meio.

A água de reúso apresenta qualidade inferior, quando comparada à água potável, e não é usada diretamente para o consumo. Atualmente ela é mais utilizada na geração de energia, refrigeração de equipamentos, lavagem de carros, irrigação de campos para cultivo, combate a incêndios, limpeza de ruas e irrigações de jardins. Todas essas atividades não necessitam da utilização de água potável. Dessa forma, a água de reúso evita que seja usada água potável para fins menos importantes.

No Brasil, a água de reúso ainda não é utilizada para consumo humano, mas diversos trabalhos já contemplam essa possibilidade. O problema é a repulsa por grande parte da população.

Uma pesquisa apresentada no I Fórum Técnico Internacional "Reúso Direto e Indireto de Efluentes para Potabilização" revela que o maior obstáculo no reaproveitamento de água é o que se chama de "fator nojo", o receio quanto à qualidade da água de reúso.

Convencer o cidadão brasileiro de que "tudo bem" tomar água vinda de esgoto pode ser até mais difícil do que desenhar um eficiente plano de gestão dos recursos hídricos, coisa tão urgente quanto improvável.

Existem inúmeros casos de sucesso em países como os Estados Unidos, México, e até a Namíbia, país que possui o maior sistema de reúso direto do mundo. No primeiro momento, houve uma grande resistência por parte da população, mas campanhas de educação ambiental e total transparência nos métodos de "purificação" da água conduziram à plena aceitação.

Aqui no Brasil o negócio ainda levará anos para virar realidade. Faltam leis que orientem o reaproveitamento de efluentes, e nem sequer conseguimos fazer uso racional da água. Temos desperdício de 50% da água tratada por causa de vazamentos na rede pública de distribuição e uma população habituada a deixar a torneira aberta e lavar a calçada com a mangueira.

# Soluções de Combate à Escassez de Água pelo Mundo

### Inglaterra

**FIGURA 5-1:** Usina de dessalinização de Londres.

Com uma população de cerca de 8,3 milhões de habitantes, a cidade de Londres, na Inglaterra, sofreu com a crise da água durante os anos 2000. A cidade conhecida pela garoa constante sofreu com as poucas chuvas, e a situação se agravou em 2006. Naquele ano, a solução oferecida pelo governo foi a construção de uma usina de dessalinização, responsável por tornar potável a água do mar. A usina foi escolhida por ser a opção mais econômica: devido à proximidade de Londres com o mar, seria mais viável dessalinizar a água do que transportá-la do norte do país, por exemplo. Com custo de 270 milhões de libras, a usina, inaugurada em 2010, pode fornecer água para 1 milhão de pessoas e chega a produzir até 140 milhões de litros de água potável, se estiver funcionando a todo vapor. Para reduzir os gastos com energia — o processo de dessalinização custa, em média, duas vezes mais do que o tratamento convencional de água —, a usina utiliza biodiesel feito de óleo de cozinha coletado nos restaurantes da cidade.

## Austrália

**FIGURA 5-2:** Usina de dessalinização na Austrália.

A Austrália passou por uma grande seca, que começou no fim dos anos 1990 e só foi oficialmente encerrada em 2012. Durante esse período, que prejudicou principalmente a agricultura, o país precisou rever todo seu sistema hidráulico. As ações australianas atacaram duas frentes: econômica e de infraestrutura. Uma das ações foi, em 1994, dar o direito de posse de água aos cidadãos — algo equivalente, no Brasil, à propriedade da terra. Isso significa que os habitantes podem comprar e vender a água que recebem, de acordo com um limite de consumo por pessoa. A medida, de acordo com o governo, faz com que a água seja direcionada para diferentes locais de acordo com a demanda, porque sempre há uma reserva, independentemente do consumo da população. Se o consumo aumenta, o subsídio governamental cai, e as pessoas passam a pagar contas mais altas. Além do benefício para o sistema de abastecimento, o mercado de água tem influência na economia: entre 2008 e 2009, o produto interno bruto do país teve um incremento de 220 milhões de dólares apenas referente à venda de água. A Austrália também investiu em usinas de dessalinização — a primeira foi inaugurada em 2006, na cidade de Perth, considerada a mais seca do país, e produz 45 bilhões de litros por ano, equivalente a 17% do total usado na cidade. Hoje são seis no país, sempre ativas. Em algumas regiões há também reúso de água: 21 bilhões de litros são tratados e reutilizados, 13,5% do total. A expectativa é que, até 2030, 30% da água seja de reúso. (http://www.fibrandobrasil.com.br/fibran/como-sao-paulo-pode-superar-a-crise-hidrica/)

# Namíbia

**FIGURA 5-3:** Purificação de água na Namíbia.

A Namíbia é um dos países mais secos da África, rodeada por dois desertos: um que leva seu nome e o Kalahari. Ainda na década de 1960, o país, que recebe 40% de sua água de lençóis subterrâneos, precisou encontrar uma solução para resolver a escassez de água provocada pelo clima e se tornou pioneiro em tratar esgoto para transformá-lo em água potável. Usado desde 1968, o processo mistura água de descargas e pias à água pura do reservatório, que segue para as torneiras das casas. A primeira estação tratava 8 mil metros cúbicos por dia e, em 2001, tratava 21 mil metros cúbicos. A capital, Windhoek, chegou a criar parâmetros de purificação de água, aceitos hoje pela Organização Mundial de Saúde e União Europeia. Em 2008, o país tinha 60% da área urbana coberta por redes de esgoto e estimava aumentar a porcentagem para 97% nesta década. Para conseguir a aceitação da população, foi feita uma longa campanha publicitária. Hoje a cidade se orgulha de exibir excelentes níveis de purificação. No país, no entanto, o governo subsidia o setor hídrico, e a tarifação da água enfrenta grande resistência popular, principalmente entre os agricultores

# Estados Unidos

**FIGURA 5-4:** Estação de tratamento de esgoto.

Os dois principais exemplos de tratamento de água nos Estados Unidos são o Texas e a Califórnia. No caso do Texas, que tem o sul e o oeste secos e com áreas desérticas, a água é reciclada para irrigação de parques e plantações desde o início do século XX. Em 1985, El Paso, a cidade mais seca do estado, começou a tratar o esgoto e a injetar essa água de volta ao aquífero Hueco Bolson. A purificação é feita por processos químicos que incluem ozônio e carbono, e o resultado é misturado à água pura do aquífero — o que impede que ele seque. Especialistas estimam que a água reciclada injetada no aquífero demore até dois anos para ser utilizada novamente. Atualmente, 6% do líquido consumido na cidade é reciclado, número que deve aumentar para 15% até o fim da década. Em Big Spring, uma área que viu todos os seus reservatórios secarem nos últimos anos, a central de reciclagem custou US$12 milhões, e em meados de 2013 injetava cerca de 8 milhões de litros de água purificada por dia nos reservatórios da cidade — o uso geral da população é de cerca de 150 milhões de litros. Agora, após três anos sem chuvas, o governo mandou fechar lava rápidos, proibiu a população de encher piscinas e já desenvolve projetos para oferecer água tratada dos esgotos para pelo menos 50% da população.

Já na Califórnia, a busca por soluções para a crise de água começou em 1972, após o lençol freático da região de Orange County, no sul do estado, onde fica a Disneylândia, ter chegado ao limite. Em 1976, a primeira estação de tratamento de esgoto começou a funcionar com uma dupla função: tratar o esgoto para lançá-lo novamente no lençol freático e evitar que o aquífero fosse contaminado por água do mar, evitando assim a salinização da água potável. Em 2004, a primeira estação foi demolida e substituída por outra mais moderna, um processo que durou três anos e custou US$481 milhões.

O tratamento de água inclui hoje as mais avançadas técnicas de purificação, feitas por meio de membranas e desinfecção com raios ultravioletas.

## Israel

**FIGURA 5-5:** Israel tem o sistema de tratamento de água mais avançado do mundo.

Israel é internacionalmente conhecido por ter o mais avançado sistema de manejo de água do mundo. Em uma área desértica, suas fontes naturais são escassas para suprir a demanda por cerca de 2 bilhões de metros cúbicos necessários para toda a população. Apesar disso, tem uma agricultura desenvolvida e raramente passa por crises hídricas. Os bons resultados vêm da combinação de diversas estratégias centralizadas pelo governo. A primeira técnica de economia de água começou a ser utilizada no início do século XX, quando a principal ocupação do Estado era com a agricultura. Naquela época os fazendeiros desenvolveram um tipo de irrigação mais econômico, chamado irrigação por gotejamento. Não é preciso encharcar toda a terra: a água é direcionada para as raízes das plantas. Além disso, o país desenvolveu técnicas de reúso sofisticadas, com o uso de membranas e processos químicos. Atualmente, de 80% a 90% dos esgotos são tratados e reutilizados. Israel também tem uma das maiores usinas de dessalinização do mundo, em Ashkelon, inaugurada em 2005 e produtora de 13% de toda a água doméstica consumida no país. Atualmente a usina é responsável por 40% da água potável fornecida no país, processo que custa entre US$60 e US$80 por metro cúbico. Os níveis de perdas por vazamento são semelhantes aos da União Europeia, de 10%, e todas as crianças são educadas na escola para a economia de água.

PARTE 1 **Por que e Como Cuidar da Água**

# Consumo Consciente

2

## NESTA PARTE...

Somos 7,5 bilhões de habitantes. Em 30 anos, seremos 9,5 bilhões inseridos em um modelo econômico que consome recursos naturais em uma velocidade muito maior do que o ritmo de reposição da natureza. Resultado: escassez, esgotamento.

Nesta parte, você vai entender de onde vem a lógica do consumo, por que consumimos tanto e tão mal, e por que o consumo é a raiz dos problemas socioambientais.

Vai entender que não dá para viver sem consumir, mas terá que ser de outro modo: com consciência ao escolher o que e de quem comprar, definindo a maneira de usar e como descartar.

> **NESTE CAPÍTULO**
>
> » Como e por que chegamos até aqui
>
> » Onde vamos parar se não houver uma mudança radical

## Capítulo **6**

# A Situação Mundial do Consumo

Depois de 200 anos de desenvolvimento econômico, propiciado pela Revolução Industrial, a taxa de mortalidade da população mundial caiu. Já somos 7,5 bilhões de habitantes. Cerca de 80 milhões de pessoas nascem a cada ano no mundo, o equivalente a quatro cidades de São Paulo. E a expectativa de vida aumentou para 74 anos em 2015. Atualmente as pessoas vivem mais e melhor.

Com mais tempo de vida, o consumo médio da humanidade disparou, e entre 1800 e 2010 a população mundial cresceu aproximadamente sete vezes (de 1 bilhão para 7 bilhões de habitantes) e a economia (PIB) aumentou cerca de 50 vezes. Mas o crescimento da riqueza se deu às custas da pauperização do planeta.

Se imaginarmos a Terra como um grande banco de recursos naturais, já estamos "no vermelho", porque gastamos mais do que ganhamos. Com o nível de consumo médio da sociedade global, o planeta é capaz de sustentar, no máximo, 5 bilhões de habitantes. Ou seja, já ultrapassamos a capacidade de suporte do planeta em 40%.

Nesse ritmo de esgotamento mais veloz do que a capacidade de renovação dos recursos, daqui a pouco necessitaremos de mais um planeta no qual sobreviver.

Considerando cinco tipos de superfície (áreas cultivadas, pastagens, florestas, áreas de pesca e áreas edificadas), o planeta Terra possui aproximadamente 13,4 bilhões de hectares globais (gha) de terra e água biologicamente produtivas. Segundo dados de 2010 da Global Footprint Network, a pegada ecológica da humanidade atingiu a marca de 2,7 hectares globais (gha) por pessoa em 2007, para uma população mundial de 6,7 bilhões de habitantes na mesma data (segundo a ONU). Isso significa que para sustentar essa população seriam necessários 18,1 bilhões de gha. Ou seja, já ultrapassamos a capacidade de regeneração do planeta.

# Qual É a Perspectiva para as Próximas Décadas?

De acordo com dados da Divisão de População da ONU, em 2050 a população mundial deve atingir 9 bilhões de pessoas. Nas previsões do FMI, a economia mundial deve crescer acima de 3,5% ao ano. Isso significa que o PIB mundial dobrará a cada 20 anos ou se multiplicará por quatro até 2050. Portanto, o mais provável é que a Terra tenha mais 2 bilhões de habitantes nos próximos 40 anos e uma economia quatro vezes maior. O planeta suporta?

Não há, evidentemente, como manter esse crescimento nos padrões de produção e consumo atuais. Para que a humanidade possa sobreviver e permitir a sobrevivência das demais espécies será preciso promover uma revolução na educação, possibilitar à sociedade consumir menos, na matriz energética incentivar a eficiência do uso de energia, reciclar e reaproveitar o lixo. Enfim, reduzir os desperdícios em todas as suas formas. Será necessário introduzir inovações tecnológicas nos prédios e nas casas para melhorar o aproveitamento da energia e a reciclagem de materiais, reforçar e melhorar o transporte coletivo, criar empregos verdes, ampliar as áreas de floresta e mata e dar atenção à preservação ambiental.

# Por que Consumimos?

## Herança histórica

Consumimos porque fomos moldados em um modelo econômico que deixou para trás o modo de produção agrícola e manual e aderiu às máquinas para gerar produtos. Somos herdeiros da Revolução Industrial, que teve início na Grã-Bretanha por volta de 1760.

Em princípio, foi uma maravilha, favorecendo a qualidade de vida da população. Ao se espalhar pelo mundo, essa lógica acabou criando uma série de impactos prejudiciais ao meio ambiente.

O primeiro ponto de transformação trazido pela Revolução Industrial foi a relação entre o homem e a natureza, que passou a ser predatória, se sobrepondo aos ambientes naturais.

Surgem, nesse momento, as raízes do consumismo, que hoje é um dos principais obstáculos à preservação do planeta, sobretudo nos países ricos.

Ao longo dos últimos 30 anos, várias conferências entre países industrializados foram organizadas na tentativa de encontrar soluções mais adequadas para um desenvolvimento industrial sustentável, com a exploração de recursos naturais feita de modo controlado e planejado. Embora existam avanços, como as regulações e leis que limitam as emissões de poluentes por parte das indústrias, é um grande desafio manter o equilíbrio entre a produção e a conservação ambiental em uma sociedade altamente consumista e praticamente dependente das atividades industriais.

Consumimos pela *propaganda*, pela *obsolescência programada* e pela *obsolescência percebida*.

Somos a sociedade do consumo. Nunca se consumiu tanto.

# Propaganda

A natureza nos dá tudo o que chamamos de valores absolutos: alimentos, espaço, pessoas, tempo. O resto das coisas são bens materiais, que têm o valor que queremos dar a eles.

Todo o dinheiro do mundo não conseguiria comprar um segundo de vida.

Porém, gasta-se muito tempo para se ganhar dinheiro para consumir e se satisfazer com experiências manipuladas pelo mercado. Consumimos pela propaganda. Somos bombardeados diariamente por um alto número de informação que nos faz sentir mal e achar que precisamos de certos produtos para nos sentir bem. O que a falta desse produto pode lhe causar?

A mídia sempre esconde as informações ruins desse sistema, pois ela sobrevive de seus anunciantes poluidores.

Hoje consumimos para nos satisfazer moralmente, em vez de buscar experiências compensadoras.

CAPÍTULO 6 **A Situação Mundial do Consumo** 73

## Obsolescência programada

É o nome dado à intenção do produtor/fabricante de comercializar um produto que não funcionará por muito tempo, ou que se tornará obsoleto em pouco tempo, para fazer com que o consumidor compre a nova geração desse produto. Veja, por exemplo, a incoerência da mudança de carregadores de aparelhos eletrônicos: cada celular, a cada ano, tem um novo carregador.

## Obsolescência percebida

É a redução da vida útil de bens que ainda funcionam porque novos modelos, novos designs e imperceptíveis mudanças fazem com que muitos eletrônicos e roupas estejam rapidamente fora de moda.

De todo produto consumido pelo norte-americano, apenas 1% não é descartado em até 6 meses. Os demais 99% vão para o lixo.

# Mas de Onde as Coisas Vêm e para Onde Vão?

Para as coisas serem produzidas elas precisam de recursos naturais, que são processados em fábricas, vendidos, usados e descartados.

Esse é um sistema linear, e nosso planeta é finito. Não paramos de esgotar os recursos e de produzir lixo. Estamos vivendo uma crise: o planeta não aguenta mais.

Devemos sempre reciclar e optar por matérias-primas de fontes mais naturais. Mas só isso não é o suficiente. Precisamos diminuir o consumo. O fluxo imposto pelo mercado e pela mídia não é sustentável.

Na extração de minérios, por exemplo, além do desmatamento no local, usa-se muita água e produtos químicos, prejudicando toda a fauna e flora nativas.

A industrialização também polui as águas, o solo e o ar.

Outro grande problema é que os recursos naturais finitos já foram esgotados nos países desenvolvidos, e agora eles enviam suas empresas para explorar os subdesenvolvidos. Além de provocar o esgotamento dos recursos naturais e mais poluição, há a indecente exploração da mão de obra local.

Na distribuição, eles têm que vender rápido, e, para isso, baixam os preços. Como? Externalizando seus custos.

Não estamos pagando o custo real das coisas. Pense em algumas promoções de pequenos aparelhos de som chineses por R$10. Esse dinheiro paga as viagens transatlânticas, os operários e os recursos?

## Quem paga o custo disso?

LEMBRE-SE

Muita gente paga. Começando pela comunidade que vive o esgotamento de seus recursos naturais, perdendo seu ar limpo e desenvolvendo cada vez mais cânceres e asmas. No Congo, por exemplo, crianças abandonam as aulas para ir à procura de metais.

Esse tipo de custo não entra nesses R$10.

## Para onde vai nosso lixo?

Infelizmente, o lixo é jogado no meio ambiente, saturando rios, lagos e oceanos. Ou é enterrado em aterros sanitários, inserindo seus poluentes no solo e contaminando os lençóis freáticos. Ou é incinerado, espalhando substâncias químicas poluentes no ar, que podem se juntar a outros químicos superperigosos, como a dioxina.

Os países desenvolvidos também exploram os subdesenvolvidos enviando-lhes seu lixo para que eles o queimem em suas terras.

76    PARTE 2  **Consumo Consciente**

**NESTE CAPÍTULO**

» Transformando o mundo por meio de seu ato de consumo

» Mudando velhos hábitos na hora de escolher os serviços e produtos que compra

Capítulo **7**

# Como Ser um Consumidor Responsável

Você vai aprender a levar em conta o meio ambiente, as saúdes humana e animal, as relações justas de trabalho, e refletir e entender sobre questões como preço e marca.

## A Saída É Parar de Consumir?

Ninguém defende que as pessoas deixem de comprar, mas que façam compras melhores, com mais sabedoria, adotando práticas de consumo mais conscientes. A ideia é fazer do consumo um instrumento de bem-estar, e não um fim por si mesmo. Bem-estar para si e para a sociedade, na medida em que se pensa nos impactos socioambientais gerados pela produção e distribuição daquele serviço ou bem.

Confira os doze passos para alcançar um consumo consciente, formulados pelo Instituto Akatu:

**1. Planeje suas compras:** A impulsividade é inimiga do consumo consciente. Para não ser impulsivo, pergunte a si mesmo: será que eu preciso mesmo disso? Posso pedir emprestado, alugar ou compartilhar em uma plataforma de consumo colaborativo? E por que não pensar em algo de segunda mão?

Faça um planejamento antecipado; com isso, compre menos e melhor, e ainda economize na boca do caixa.

**2. Avalie os impactos de seu consumo:** Leve em consideração sua saúde, seu bolso, sua qualidade de vida, o meio ambiente e a sociedade em suas escolhas. Escolha um produto tendo consciência de todo impacto causado desde seu processo de fabricação até seu descarte. Do berço ao berço. O melhor seria algo de uma fonte renovável e que seja facilmente reciclado. Pense em fechar ciclos.

**3. Reflita sobre seus valores:** Avalie constantemente os princípios que guiam suas escolhas e seus hábitos de consumo. O primeiro passo é conter o impulso.

**4. Consuma apenas o necessário:** Reflita sobre suas reais necessidades e procure viver com menos. É possível manter sua qualidade de vida cortando o desperdício.

**5. Reutilize produtos e embalagens:** Não compre outra vez aquilo que você pode consertar, transformar e reutilizar.

**6. Separe seu lixo:** Ao reciclar o lixo, contribuímos para a economia de recursos naturais, a redução da degradação ambiental e a geração de empregos. Com isso, você diminui o lixo que vai para os aterros e evita que a prefeitura cobre mais impostos ou taxas para manter os depósitos.

**7. Conheça e valorize as práticas de responsabilidade social das empresas:** Em suas escolhas de consumo, não olhe apenas o preço e a qualidade do produto. Valorize as empresas em função de sua responsabilidade para com os funcionários, a sociedade e o meio ambiente.

**8. Contribua para a melhoria de produtos e serviços:** Adote uma postura ativa! Para isso, vale encaminhar às empresas sugestões e críticas sobre seus produtos e serviços. A inovação de produtos e a gestão podem gerar bens mais sustentáveis e cada vez mais baratos.

**9. Cobre os políticos:** Exija de candidatos, governantes e partidos propostas e ações que viabilizem e aprofundem a prática do consumo consciente.

10. **Divulgue o consumo consciente:** Seja um militante da causa: sensibilize outros consumidores e dissemine informações, valores e práticas do consumo consciente. Monte grupos para mobilizar familiares, amigos e pessoas mais próximas. Quanto mais consumidores atentos, mais as empresas serão cuidadosas, e todos ganham.

11. **Consuma produtos regionais:** No momento em que você adquire um produto ou usa um serviço gerado na região em que reside, você está ajudando a fortalecer o comércio e a economia locais, reduzindo a exploração comercial.

12. **Não compre produtos piratas ou contrabandeados:** Compre do comércio legalizado. Assim, você contribui para gerar empregos estáveis e para combater o crime organizado e a violência.

Lembre-se de que sua escolha é como um voto de confiança. Você está apoiando essa empresa. Precisamos pensar no nosso impacto passivo quando, por exemplo, comemos um hambúrguer.

LEMBRE-SE

Um dos grandes problemas causados pela globalização e invasão de produtos estrangeiros foi o enfraquecimento da cultura local, essa, sim, que respeita o entorno e deve ser fortalecida. Por isso, sempre que possível, ajude a promover a cultura local. É ela que garantirá que seu consumo seja direcionado a alguém que respeita a natureza e a história do lugar.

Ao consumir produtos que são cultivados nas proximidades das regiões residenciais, a poluição emitida por veículos no transporte das mercadorias é sensivelmente reduzida, assim como as perdas decorrentes da degradação dos alimentos nesse processo.

Os aspectos positivos do consumo de alimentos locais podem ainda representar um incentivo para que pequenos produtores revendam seus produtos apenas para moradores da região.

Comprar produtos em pequenas quitandas, feiras, dentre outros estabelecimentos, pode ajudar a reduzir o consumo de embalagens plásticas e substituí-las por sacolas ecológicas, cestas ou carrinhos de feira, que podem ser reutilizados várias vezes.

DICA

Com tantos benefícios, que tal começar a se tornar um locávoro (nome dado à quem consome localmente) também? Evite embalagens e frequente a feira (de preferência orgânica), para ter uma alimentação mais saudável e em harmonia com o meio ambiente.

80    PARTE 2  **Consumo Consciente**

> **NESTE CAPÍTULO**
>
> » Reputação e credibilidade como grandes diferenciais das empresas
>
> » Artimanhas empresariais para iludir o consumidor
>
> » Não basta ser verde, tem que parecer ser mesmo sustentável

## Capítulo **8**

# Maquiagem Verde

Com a crescente demanda por produtos ecológicos, verdes ou sustentáveis, muitas empresas estão utilizando publicidade enganosa para iludir seu consumidor, vendendo a ideia de que seu produto respeita o desenvolvimento sustentável.

Essa prática recebe internacionalmente o nome de *greenwashing*, e, no Brasil, maquiagem verde.

Ela é dada por informações inverídicas, sem embasamento, ou por símbolos gráficos oportunistas.

## Os Sete Pecados das Empresas "Maquiadas" de Verde

### Pecado do custo ambiental camuflado

O rótulo destaca uma qualidade "verde" do produto e esconde outras características que podem representar uma perda ambiental maior. Ou seja, ao pesar na balança, o malefício não anunciado é maior que o benefício anunciado.

*Pergunte-se: o apelo ecológico está se referindo a apenas uma questão ambiental restrita?*

## Pecado da falta de prova

Faltam dados que provem que o produto é correto ambientalmente, e as informações não são acessíveis (nem no local de compra, nem na internet). Por exemplo: eletrodomésticos que informam ser eficientes, porém não têm certificação confiável. Se um produto informa que é uma coisa, deve comprovar.

*Pergunte-se: o apelo fornece mais informações sobre sua proveniência?*

## Pecado da incerteza

Quando o consumidor não entende a informação passada e confunde significados. Alguns exemplos estão nas expressões "natural" (arsênio, urânio e mercúrio são naturais, mas venenosos) e "amigo do meio ambiente ou ecologicamente correto", que pedem uma explicação complementar — afinal, ecologicamente correto, por si só, não quer dizer muita coisa.

*Pergunte-se: o apelo ambiental é autoexplicativo? Se não, apresenta alguma explicação sobre seu significado?*

## Pecado do culto a falsos rótulos

O produto transmite a impressão errada quando aparenta ter um selo confiável e não tem — como desenhos de uma arvorezinha ou de um planeta fofo que estão ali só para "encher linguiça" e podem confundir o consumidor.

*Pergunte-se: o certificado apresentado pelo produto é realmente endossado por terceiros?*

## Pecado da irrelevância

Quando é dado destaque para informações que não são importantes ou úteis na busca do consumidor. Ou seja, o rótulo distrai e pode fazer com que a pessoa deixe de procurar opções melhores. Um exemplo citado no estudo é quando uma embalagem traz a mensagem "não contém CFC" como se fosse um diferencial (a substância foi banida por lei há anos).

*Pergunte-se: todos os produtos dessa categoria poderiam apresentar o mesmo apelo?*

## Pecado do "menos pior"

O benefício ambiental do produto pode até ser verdadeiro, mas esconde o impacto da sua indústria como um todo. Por exemplo, pesticidas que se apresentam como ecologicamente corretos.

*Pergunte-se: o apelo tenta fazer o consumidor se sentir mais "verde" em relação à categoria de um produto que tem seu benefício ambiental questionado?*

## Pecado da mentira

Como o nome diz, a informação passada é falsa. O segmento de cosméticos e higiene pessoal é o que mais apresenta apelos mentirosos no Brasil.

*Pergunte-se: quando checo o apelo feito, ele é verdadeiro?*

84    PARTE 2 **Consumo Consciente**

**NESTE CAPÍTULO**

» **Selos atestam os avanços ambientais de seus produtos**

» **Como os selos surgiram**

» **Como está a evolução dos selos no mercado**

Capítulo **9**

# Selos Verdes

M uitos produtos colocam em suas próprias embalagens as descrições "orgânico", "sustentável" ou algo parecido. Mas nem sempre eles possuem os selos de certificação que garantem a veracidade dos créditos de responsabilidade social e ambiental.

Existem milhares de selos no mercado mundial. Só no Brasil são mais de 30, segundo o Instituto Brasileiro de Defesa do Consumidor (Idec). E apesar da burocracia necessária para a obtenção do selo verde, o caminho ecologicamente correto só tem a contribuir para a imagem e a valorização das empresas e para o reconhecimento do consumidor.

Por isso, é essencial ficar de olho e não cair nas enganações das chamadas greenwashing, empresas que se utilizam do conceito "verde" na publicidade e divulgação de seu produto, mas não aplicam a mesma atitude sustentável na cadeia produtiva. Além disso, vale acompanhar todas as novidades que cercam as certificações que aparecem nos produtos.

## FSC (Forest Stewardship Council)

**O que certifica:** Áreas e produtos florestais, como toras de madeira, móveis, lenha, papel, nozes e sementes.

**Como é:** Atesta que o produto vem de um processo produtivo ecologicamente adequado, socialmente justo e economicamente viável. Dez princípios devem ser atendidos, entre eles a obediência às leis ambientais, o respeito aos direitos dos povos indígenas e a regularização fundiária.

**Outro selo dessa categoria:** Ceflor.

# IBD (Instituto Biodinâmico)

**O que certifica:** Alimentos, cosméticos e algodão orgânicos.

**Como é:** Além de cumprir os requisitos básicos para a produção orgânica (como fazer rotação de culturas e não usar agrotóxicos), garante que a fabricação daquele produto obedece ao Código Florestal Brasileiro e às leis trabalhistas. Os produtos industrializados devem ter ao menos 95% de ingredientes orgânicos certificados — a água e o sal são desconsiderados nesse cálculo, tanto para cosméticos quanto para alimentos.

**Outros selos dessa categoria:** Ecocert, Demeter, CMO (Certificadora Mokiti Okada) e IMO (Institute for Marketecology).

# Procel

**O que certifica:** Equipamentos eletrônicos e eletrodomésticos.

**Como é:** O selo do Programa Nacional de Conservação de Energia Elétrica indica os produtos que apresentam os melhores níveis de eficiência energética dentro de cada categoria. Os equipamentos passam por rigorosos testes feitos em laboratórios credenciados no programa.

# ISO 14001

**O que certifica:** Sistema de gestão ambiental de empresas e empreendimentos de qualquer setor.

**Como é:** Em sua operação, a empresa deve levar em conta o uso racional de recursos naturais, a proteção de florestas e a preservação da biodiversidade, entre outros quesitos. No Brasil, quem confere essa certificação é a Associação Brasileira de Normas Técnicas (ABNT). Ao contrário das demais certificações, não há um selo visível em produtos. Para saber se uma empresa tem o ISO 14001, deve-se consultar seu site ou centro de atendimento ao cliente.

# LEED (Liderança em Energia e Design Ambiental)

**O que certifica:** Prédios e outras edificações.

**Como é:** Concedido a edificações que minimizam impactos ambientais, tanto na fase de construção quanto na de uso. Materiais renováveis, implantação de sistemas que economizem energia elétrica, água e gás e controle da poluição durante a construção são alguns dos critérios.

# Rainforest Alliance Certified

**O que certifica:** Produtos agrícolas, como frutas, café, cacau e chás.

**Como é:** Trata-se de uma certificação socioambiental. Comprova que os produtores respeitam a biodiversidade e os trabalhadores rurais envolvidos no processo. Com grande aceitação na Europa e nos Estados Unidos, é auditado no Brasil pelo Instituto de Manejo e Certificação Florestal e Agrícola (Imaflora).

# ECOCERT

**O que certifica:** Alimentos orgânicos e cosméticos naturais ou orgânicos.

**Como é:** Os alimentos processados devem conter um mínimo de 95% de ingredientes orgânicos para serem certificados. Para ganhar um selo de cosmético orgânico, um produto deve ter ao menos 95% de ingredientes vegetais, e 95% desses ingredientes devem ser orgânicos certificados — no caso de cosméticos naturais, 50% dos insumos vegetais devem ser orgânicos. O selo Ecocert é um só, mas, por contrato com a certificadora, o fabricante é obrigado a identificar no rótulo se o produto é orgânico ou natural.

CAPÍTULO 9 **Selos Verdes** 87

88     PARTE 2  **Consumo Consciente**

**NESTE CAPÍTULO**

» **O impacto da edificação no meio ambiente**

» **Entendendo o tamanho do estrago da construção civil**

» **Conhecendo o que existe no mercado das edificações sustentáveis**

# Capítulo **10**

# Materiais de Construção

A construção civil é uma das atividades que mais consomem recursos naturais e causam maiores impactos ao meio ambiente. O setor, que inclui desde a fabricação de materiais, as grandes construções de infraestrutura ou edifícios, até as pequenas reformas domésticas, é responsável por cerca de 40% de todo o resíduo no mundo. E ele causa alterações ambientais significativas, seja na etapa de produção, na manutenção ou durante o uso.

O volume de recursos naturais utilizados pela construção civil, muitos deles não renováveis, corresponde a pelo menos um terço do total consumido anualmente por toda a sociedade. De toda a energia consumida mundialmente, 40% destinam-se à construção civil. Desse valor, aproximadamente 80% concentram-se no beneficiamento, na produção e no transporte de materiais, alguns deles também geradores de emissões que provocam o aquecimento global, a chuva ácida e a poluição do ar.

Edifícios são, ainda, produtos com longa vida útil, e, consequentemente, a fase de uso e as atividades de manutenção são responsáveis por parcela significativa do impacto total. A iluminação, o condicionamento ambiental e a operação do

CAPÍTULO 10 **Materiais de Construção** 89

edifício também consomem energia em quantidade diretamente relacionada à eficiência dos equipamentos utilizados.

Gera-se esgoto a ser tratado e liberam-se substâncias que, além de prejudicar a saúde das pessoas, criam dificuldades de gestão urbana e danos ambientais que podem ser irreversíveis. Ao fim da vida útil do edifício, caso não seja possível desmontá-lo e reutilizar suas partes, a demolição gerará uma quantidade considerável de entulho. Calcula-se que nas grandes cidades brasileiras esse entulho possa chegar a até 60% do lixo produzido.

Diminuir esses índices é responsabilidade de todos, portanto, devemos estar atentos ao ciclo de vida dos materiais que utilizamos, além do tipo de matéria-prima, processo de produção, transporte, das possibilidades de reutilizá-lo sem destruí-lo e das vantagens de sua reciclagem. Comece a usar em sua construção materiais naturais (terra, bambu, madeira, fibras naturais etc.), reaproveite elementos residuais do consumo humano (pneus, garrafa PET, tonéis etc.) e a alta gama de novos materiais provenientes de processos de reciclagem (lã de PET, telhas de Tetra Pak etc.). Faça sua parte!

Entre os diversos materiais utilizados na construção — seja na fundação, nas estruturas, nos fechamentos, nas aberturas, nos acabamentos ou no mobiliário —, muitos deles podem ser substituídos por materiais ecoeficientes.

# O que São Materiais Ecoeficientes?

**Ecoeficiência** é o nome dado ao fornecimento de bens e serviços sustentáveis a preços competitivos, que satisfaçam as necessidades humanas e, assim, promovam a redução dos impactos ambientais e de consumo de recursos naturais.

No âmbito da poluição ambiental, um sistema *ecoeficiente* é aquele que *consegue produzir mais e melhor com menos recursos e menos resíduos*. Para tal, pressupõem-se oito elementos fundamentais:

» Minimizar a intensidade de materiais dos bens e serviços.

» Minimizar a intensidade energética de bens e serviços.

» Minimizar a dispersão de tóxicos.

» Fomentar a reciclabilidade dos materiais.

» Maximizar a utilização sustentável de recursos renováveis.

» Estender a durabilidade dos produtos.

» Aumentar a intensidade de serviço dos bens e serviços.

» Promover a educação dos consumidores para um uso mais racional dos recursos naturais e energéticos.

Evite itens de plástico, como cortinas de PVC, pois são derivadas de material não renovável (petróleo). A produção e o descarte desse tipo de produto acaba gerando poluição e lixo.

Escolha materiais naturais renováveis, como madeira, pedra, cerâmica ou bambu.

Recicle todo o seu lixo. Lixo não existe, portanto, seja responsável pelo impacto que você causa. Separe todo papel, plástico, vidro, baterias, óleos e leve até o centro de reciclagem mais próximo. É sua obrigação.

Os resíduos orgânicos devem ser enviados para a composteira mais próxima.

## Ecoplacas

O produto é composto por material reciclado de embalagens do tipo longa vida e é um ótimo isolante térmico e acústico.

Além da ecológica telha Tetra Pak comum, temos as telhas com manta térmica, que são revestidas em alumínio, com acabamento metálico em um dos lados, reduzindo em até 85% a temperatura ambiente, além de deixá-las mais resistentes que a Tetra Pak simples.

A telha ecológica Tetra Pak atende a interesse de ordem ambiental e de saúde pública, considerando-se os efeitos da reciclagem estimulada, já que é feita com materiais para os quais os destinos mais comuns seriam os lixões ou aterros sanitários. Estima-se que dos 6 bilhões de embalagens longa vida produzidas por anos no país, menos de 14% são plástico (20% da composição) e alumínio (5%). As telhas são compostas basicamente por alumínio, PET, polietileno e polinylon.

Ideal para cobertura de residências, galpões, barracões e canteiros de obra, a telha ecológica Tetra Pak é infinitamente mais resistente que as telhas convencionais, podendo receber cargas de até 150kg/m² e ser jogada ao chão e não trinca. Além disso, ela reduz em 60% a temperatura ambiente.

Características da telha ecológica Tetra Pak:

- » Alta resistência à flexão, superior aos parâmetros do mercado.
- » Não quebra, dispensa maiores cuidados no transporte, manuseio e estocagem.
- » Não danifica com chuvas de granizo.
- » Eficiente isolamento térmico (50% a 60% menos calor que telhas de fibrocimento).
- » Material leve (metade do peso das telhas de fibrocimento) que resulta na economia na estrutura da cobertura.
- » Material sem risco à saúde, limpo e sem odor.

- » Material impermeável.
- » Resistente a produtos químicos.
- » Alta resistência ao fogo, não propaga chamas.
- » Produto ecologicamente correto.
- » Produto de estética agradável.
- » Fácil fixação, permite o uso de pregos, parafusos e rebites.
- » Pode receber pintura acrílica.

## Tinta mineral

A escolha da tinta é fundamental. A *tinta mineral natural*, feita à base de terra e emulsão aquosa, apresenta diversas vantagens: suas cores vêm da natureza, ela tem ótima durabilidade externa ou internamente, permite a manutenção da umidade relativa do ar e a troca de calor, é isenta de biocida, estabilizante, corante e compostos orgânicos voláteis (COVs), e suas embalagens geralmente são recicláveis.

Por ser feita à base de água e não impermeabilizar a parede, é possível que o local respire e mantenha o controle da umidade na casa. Isso promove um ambiente bem mais sustentável e evita fungos e mofo.

Aposte nas cores claras, que ajudam na luminosidade.

Depois de pensar na cor ideal, recorra às lojas que disponibilizam tintas especiais sustentáveis. Já são inúmeras marcas existentes no mercado e, portanto, a tarefa não será tão difícil assim. Elas são produzidas à base de água e, dependendo de sua necessidade e do produto escolhido, podem ser resistentes à maresia, proporcionar isolamento térmico e acústico, proteção contra corrosão, e até mesmo impedir a proliferação de bactérias, fungos e algas no ambiente. Genial, não é?

Essas tintas são consideradas ecológicas por conterem matérias-primas naturais, ou seja, estão livres dos componentes sintéticos e não contêm petróleo em sua composição.

Existem também no mercado as tintas livres de COVs. Isso significa que elas não liberam hidrocarbonetos aromáticos na camada de ozônio, nem prejudicam a saúde de quem manipula o produto.

CUIDADO

Mas muito cuidado na hora de comprar essas tintas. Isso porque muitas empresas apostam na propaganda, e você pode acabar caindo no apelo do marketing de algumas marcas. Por isso, ao escolher a melhor tinta para sua casa, confira se esses produtos à base de água e sem cheiro realmente estão livres dos componentes tóxicos. Além disso, veja se realmente não existem materiais pesados em sua composição.

> ## ENSINE A UMA CRIANÇA
>
> Responsabilidade social pode ser ensinada nas mais diversas plataformas. Além dos livros, vale também incentivar os jogos online que tenham temática ecológica — visto que tecnologia já faz parte da vida das crianças. Elas podem criar vilarejos sustentáveis, encontrar soluções sustentáveis e muito mais.

**DICA**

Outra opção é pintar as paredes sem utilizar tintas, mas, sim, cal. É a chamada *caiação*. O método é ótimo para a "respiração" da parede e também apresenta outras desvantagens. Por não ser propriamente uma tinta, ela não possui muita viscosidade e, por isso, escorre bastante durante a pintura. Apesar desse "contra", a utilização desse método é muito mais barata do que a pintura feita com tinta comum, ou seja, você já está economizando.

## Madeira

A madeira é tudo de bom: material atraente, prático e de longa duração. Flexível, adaptável, versátil e natural. Recurso renovável, reutilizável, e sua reciclagem exige menos energia em comparação com outros materiais, como o aço ou o alumínio. Mas é necessário olho vivo na hora da escolha.

A melhor escolha é uma madeira proveniente do manejo de um sistema agroflorestal (cultivos que promovem a biodiversidade). O bambu tem diversas vantagens, como o rápido crescimento. Depois, como alternativa, busque uma madeira com selo FSC de reflorestamento certificado.

Pesquisa do Ministério do Meio Ambiente e do Ibama publicada no jornal *O Eco* mostra que 86% da extração de madeira no Brasil ainda ocorre de maneira irregular, e que mais de 90% da madeira comercializada degrada, de alguma maneira, o meio ambiente. Portanto, é importante analisar a procedência e todo o ciclo de vida da madeira, seu impacto ambiental e suas implicações no desenvolvimento social e econômico das comunidades florestais. Os selos ambientais funcionam como uma garantia de um produto com origem controlada e podem ter todo seu percurso rastreado.

### Madeira de demolição

A madeira é um material renovável, mas leva muito tempo para crescer e maturar, principalmente as madeiras nobres tropicais. Dez por cento das árvores estão em perigo de extinção, resultado do desmatamento em muitos países. O Brasil é o país que mais desmata suas florestas: o equivalente a três campos de futebol a cada dois minutos.

A dica é utilizar madeira proveniente de demolições. A grande variedade de cores, formas e texturas pode ser utilizada com criatividade e ainda compor ambientes incríveis. Elas possuem ranhuras peculiares, que lhes dão um charme todo especial, e são campeãs em resistência e durabilidade. Certos tipos de madeira podem ter mais de 100 anos, e alguns tipos já são raridade no mercado.

Você pode adquirir a porta antiga em casas especializadas ou comprar a madeira e fabricá-la. Entre os tipos de madeiras centenárias mais encontradas nas demolições estão o cedro, o ipê, o jacarandá, a peroba-do-campo, a peroba--rosa, a canela-preta e o pinho-de-riga. A madeira pode ser aproveitada em seu estado primitivo ou passar por escovação com máquinas especiais e posterior banho de verniz ou seladora. A madeira de demolição é uma matéria-prima que pode ser utilizada também em móveis, janelas, estruturas e acessórios de decoração.

## Madeira de reflorestamento

Outra madeira que pode ser utilizada é a de *reflorestamento*. Embora cerca de 80% das plantações certificadas sejam destinadas ao mercado de papel e celulose, temos muitas opções para atender aos setores moveleiro e de construção civil.

O ciclo da floresta plantada começa a partir de espécies como pinus, eucalipto, teca, araucária etc., que crescem rapidamente e são ótimas para peças de estrutura.

As toras são cortadas com base em ciclos produtivos. Enquanto uma parte da floresta é explorada, a outra se desenvolve para a colheita no futuro.

## Madeira nativa

Não se assuste! Você pode ter madeira maciça em casa. Aliás, a maioria das nossas portas é feita de cedro, freijó ou garapeira. Mas a primeira coisa a se fazer na hora de comprar qualquer tipo de madeira é verificar com muito cuidado sua procedência. Primeiro veja se a madeira é legalizada. Mas lembre-se: nem sempre o certificado de "madeira legal" significa que ela está de acordo com os conceitos da sustentabilidade. Significa apenas que sua extração é autorizada pelos órgãos ambientais responsáveis.

Por isso existem alguns selos de certificação que você deve observar ao comprar a madeira para sua construção ou seus móveis. Procure pelo certificado do FSC Brasil (Conselho Brasileiro de Manejo Florestal) e do Cerflor (Programa Brasileiro de Certificação Florestal). Eles identificam produtos madeireiros originados do bom manejo das florestas, assegurando que todo o processo de produção foi ambientalmente adequado, socialmente benéfico e economicamente viável.

Em geral, a madeira certificada é cerca de 10% mais cara do que a madeira legalizada, o que reduz sua competitividade no dia a dia. Cabe a você, consumidor, fazer uma escolha consciente que influencie a queda nos preços pela própria lei natural da demanda. De qualquer forma, a diferença no bolso vale a pena. Sua consciência limpa não tem preço.

# Painéis de Madeira

Esses painéis incluem placas de partículas, compensados, fibrocimento e de fibra. Eles fazem uso eficaz da madeira, utilizando o mínimo para produzir chapas leves e fortes de grandes dimensões. Provêm dos resíduos da madeira processada. Mas fique de olho no tipo de resina usada para colar as chapas, pois a maioria é tóxica. Painéis de fibras que reciclam os resíduos de palha agrícola adquiridos localmente são uma boa opção. As chapas em fibra são as mais ecológicas, mas em todos os casos você deve procurar as chapas com resinas sem formaldeído, de madeira residual e de fonte certificada.

# Escolha do Piso

Os materiais de pisos mais sustentáveis incluem a cortiça, o linóleo, a pedra local, fibras de plantas e madeira certificada ou recuperada. O vinil e o náilon não reciclados devem ser evitados.

Existem também pisos naturais com madeira de demolição ou renovável, bambu e outros reciclados, como piso de entulho ou de borracha de pneu reciclado.

Os revestimentos naturais, como tábuas de madeira, bambu (que é extremamente renovável, por ser uma planta de crescimento rápido) e placas cerâmicas ou de pedra, são altamente duráveis e recicláveis, mas quando vindos de longe incorporam o custo ambiental do transporte. E os revestimentos naturais como cortiça, linóleo e borracha são renováveis, biodegradáveis, não tóxicos e duráveis, mas a poluição causada por fertilizantes usados na sua produção deve ser levada em conta. Nunca consuma a alternativa sintética de vinil, altamente dependente de combustíveis fósseis e que demora centenas de anos para se decompor no meio ambiente.

Os revestimentos naturais que incluem acabamentos como carpetes feitos de lã, algodão ou de fibras vegetais devem ser de conteúdo reciclado, cujo fabricante ofereça esquemas de retorno. Tudo isso para evitar grande quantidade de resíduos durante a manufatura e o descarte incorreto depois de usados, pois a maioria dos carpetes precisa de limpeza regular, utilizando água, energia e outros produtos químicos.

CAPÍTULO 10 **Materiais de Construção** 95

# Revestimento de Parede

Atualmente o que não falta no mercado são tipos de revestimento sustentáveis para parede. Vejamos alguns dos mais notáveis.

## Ladrilho hidráulico

Está em alta e é muito charmoso, pois pode ser personalizado. Além disso, não usa forno na sua confecção, logo, não libera $CO_2$ na atmosfera. Como será usado em área úmida, deve ser tratado com uma resina para eliminar a porosidade das peças. A desvantagem é que, para manter o brilho, é preciso tratamento com cera líquida com um rolo a cada 15 dias.

## Madeira de demolição

Também pode ser usada em área molhada, ao contrário do que muitos pensam. Você arrasará no visual da sua cozinha se resolver adotar esse tipo de revestimento. E o meio ambiente agradecerá, pois aproveitar madeira de demolição é deixar de cortar algumas árvores para esse mesmo fim. Só não esqueça que, nesse caso, a impermeabilização deve ser muito bem feita.

## Pastilhas de garrafa PET

São tão bonitas e resistentes quanto as pastilhas comuns, com o diferencial de que são produzidas a partir da reciclagem de garrafas PET, o que torna esse revestimento bastante ecológico.

## Pastilhas de coco

São outra boa novidade para a sustentabilidade. São produzidas a partir da casca do coco, que é um produto natural que iria para o lixo e aumentaria ainda mais o volume de resíduos nos aterros sanitários. Elas são tão resistentes e belas quanto as convencionais.

## Revestimentos à base de resina

Sua composição leva resina PET e resíduos de pedra. Não necessitam de impermeabilizantes.

### NESTE CAPÍTULO

» **Escolhendo ao habitar um imóvel para redesenhar a rotina do planeta**

» **Diminuindo o desperdício de recursos naturais e implementando bens e serviços mais sustentáveis**

» **Transformando velhos hábitos em posturas conscientes**

# Capítulo **11**

# Sustentabilidade Dentro de Casa

Não existe fórmula pronta para uma casa sustentável. A casa sustentável, em suma, deve gastar pouca água e energia, produzir pouco dióxido de carbono e, de preferência, ser inteiramente reciclável. Também deve ter uma estética e um design de qualidade para que se torne um refúgio de paz e prazer.

O intuito é atingir um ambiente equilibrado, que considere as opções disponíveis para atender ao conforto e à otimização de recursos naturais. Assim, deve-se aproveitar a iluminação natural, que deixa a casa mais agradável e reduz consumo de energia, mas tendo cuidado com o excesso de luz, para evitar o ofuscamento e a consequente elevação de temperatura do ambiente. Da mesma forma, a ventilação natural só funciona se não houver excesso de ruído urbano.

Os materiais não precisam ser necessariamente aqueles classificados como "alternativos" ou "ecologicamente corretos". O desafio é escolher o melhor material para um determinado fim e que melhor cumpra sua função, considerando resistência, durabilidade, adequação ao uso e os aspectos de conservação e de sustentabilidade envolvidos em sua cadeia produtiva.

# Cozinha

A cozinha é o local preferido para a reunião de muitas famílias. É nela que são preparados os jantares, aquele bolo especial com gostinho de caseiro etc. E é lá também o segundo maior ponto da casa de uso de energia e utilização de recursos, perdendo apenas para o banheiro em consumo de energia e de água.

Atitudes simples na cozinha, seja ela pequena ou daquelas de cinema, podem fazer com que o local seja bem sustentável.

## Escolha de armários

Tão importante quanto o fogão são os armários da cozinha. Alguém duvida? E temos diversas opções que conferem beleza, praticidade, aproveitamento do espaço e sustentabilidade.

» E olhe ela aí de novo! É a madeira de demolição, que está sendo muito usada também para confeccionar armários de cozinha. Ficam lindos depois de prontos!

» E os caixotes de feira também podem render armários de cozinha bem charmosos. Em bom estado, é só pintá-los e pregá-los na parede, ou montá--los a partir do chão.

» A bancada da cozinha, como parte do mobiliário, pode ser confeccionada com paletes. É uma forma criativa de reciclagem desse material, que pode ser pintado ou deixado na cor natural da madeira.

» Já existem no mercado armários de cozinha cuja composição leva garrafas PET. Segundo seus criadores, o material resultante não amarela, é de fácil remoção de arranhões e muito resistente, pois apresenta metacrilato na composição.

## Utensílios

Uma cozinha sustentável requer cuidados nos mínimos detalhes. A escolha dos utensílios não passa desapercebida e pode contar muito na hora de cuidar do meio ambiente.

Procure escolher panelas de barro, ferro, pedra-sabão, vidro e aço inox. Fuja daquelas esmaltadas rachadas ou de tefal, porque elas possuem metais pesados, como o chumbo, e ainda liberam substâncias tóxicas.

Além de escolher o material correto, também é importante utilizar a panela de forma adequada. Isso contribuirá com o cozimento dos alimentos, suas qualidades nutricionais e com a economia de gás e energia.

DICA

Substitua as colheres de alumínio por colheres de madeira seca ou bambu para cozinhar. O alumínio é tóxico e está relacionado a vários casos de alergia, dificuldade de aprendizado nas crianças e até mesmo hiperatividade. Também não guarde alimentos em recipientes de alumínio, porque os riscos são os mesmos.

CUIDADO

Algo parecido acontece com as facas. Compre apenas as de aço inoxidável. Cuidado com as facas de ferro, especialmente com os vegetais, que também são consumidos crus. Elas oxidam as vitaminas e fazem mal à saúde.

Cuidado também com os utensílios utilizados para guardar os alimentos. Prefira os de vidro, uma ótima prática sustentável, levando em conta que o vidro leva muito tempo para se desfazer.

Os potes de plásticos podem promover a contaminação de alguns alimentos, além de serem bem questionáveis em relação aos seus efeitos no meio ambiente. Evite também colocar líquidos quentes — como o cafezinho — em copos descartáveis feitos de plástico ou isopor. Eles também podem ser fontes de contaminação.

Já que o assunto é utensílios, valem algumas dicas para a sua lavagem. Primeiramente, cuidado com o uso de água. A melhor maneira de economizar, além de colocar um arejador na pia, é lavar tudo em duas etapas. Primeiro ensaboe tudo e só depois enxágue a louça, de uma vez só.

E, se possível, não use água quente para lavar a louça, pois, como já informamos, vivemos em um país tropical, e mesmo quando está frio, não é tão tenebroso assim. Aquecer água consome energia, portanto, só faça isso caso seja realmente necessário.

Em relação aos produtos de limpeza, essenciais para que a cozinha esteja sempre "um brinco", é importante priorizar os que são sustentáveis, obviamente. Escolha aqueles biodegradáveis ou que sejam à base de vinagre e bicarbonato. Os produtos que contém cloro, solventes e formaldeídos são inimigos do meio ambiente.

Quanto às garrafas de água, prefira as térmicas, que podem ficar fora da geladeira. Encha-as com cubos de gelo e água. Isso garantirá água gelada por todo o dia sem que você fique recorrendo à geladeira.

## Eletrodomésticos

Agora chegou a hora de falar dos eletrodomésticos. Assim como citado anteriormente, é essencial que eles possuam selos que os certifiquem como "ecológicos". Além disso, é preciso ter certeza de que eles estão bem regulados, para que as práticas sustentáveis sejam as melhores possíveis dentro da sua cozinha.

O forno de micro-ondas, apesar de muito utilizado e grande aliado daqueles que não têm muito tempo para cozinhar, também é um vilão ambiental dentro da cozinha. Isso porque ele é questionado pelos efeitos de suas ondas radioativas. Estudos afirmam que existem mudanças no teor de vitaminas ao preparar alimentos no micro-ondas, bem como alteração de aminoácidos, tornando o alimento tóxico. Outro problema é que, como o aparelho esquenta por fricção molecular, ele libera radicais livres nos alimentos.

Melhor do que usar o aparelho é recorrer ao bom e velho fogão. E mesmo assim existem meios de deixá-lo mais "sustentável". Prefira cozinhar com fogo baixo, levando em conta que, mesmo com o fogo mais alto, seu alimento não ficará pronto mais depressa. A água não ultrapassa 100ºC nas panelas comuns, portanto, não fará diferença. Tampe as panelas durante o cozimento, a fim de aproveitar o calor do local.

Outro modo de reduzir o consumo é jamais colocar alimentos muito quentes na geladeira. Antes de guardá-los, espere que esfriem um pouco. Outra dica é não utilizar o micro-ondas para descongelar os alimentos, mas planejar as refeições com antecedência e deixar o alimento fora do congelador para que o descongelamento aconteça naturalmente.

Aliás, jamais deixe o fogão e a geladeira próximos um do outro. Quando isso acontece, a geladeira consome muito mais energia do que o normal. Por isso, ao montar o espaço, lembre-se: geladeira e fogão separados.

Falando em geladeira, você sabia que a ela é o eletrodoméstico que mais consome energia elétrica na cozinha? Cuide bem da sua geladeira, e se for comprar uma nova, pesquise bastante. Prefira os modelos que tenham o selo Procel de economia de energia. Esse selo é uma etiqueta que vem em quase todos os eletrodomésticos para informar sobre a eficiência energética de cada aparelho. Ela vai de A a G, sendo o nível A o mais eficiente, que poupa mais energia, e o nível G é aquele que mais consome energia. Então não tenha receio de perguntar esse detalhe ao vendedor. Uma geladeira com selo Procel economiza muito mais, e você sentirá a diferença na sua conta de luz.

O grande problema é o "abre e fecha" da porta. Depois de pegar ou guardar algum alimento, feche a porta imediatamente. Não fique mais de cinco segundos com a geladeira aberta e veja se a porta ficou bem fechada. Se você não a fechar corretamente, a temperatura de dentro subirá, e a geladeira terá que trabalhar mais para compensar a entrada do ar quente. Isso é o que consome muita energia. Algumas geladeiras têm um sistema de trava que impede que você a abra logo depois que fechou. Espere antes de abrir de novo, não force a porta. Outra medida simples que economiza bastante eletricidade é limpar as bobinas do condensador, aquela grade que fica atrás da geladeira. A poeira que se acumula ali força a geladeira a consumir mais. Para limpá-la, use um pano seco.

Cuide da sua geladeira para que ela não consuma tanta energia. Primeiro instale-a em local bem ventilado, longe do Sol, do fogão ou de aquecedores. Nunca coloque alimentos quentes, senão ela precisará de mais energia para produzir o gelo. Esqueça os sacos plásticos entre as prateleiras. Isso impede a circulação do ar frio. E nada de abrir a porta sem necessidade. Mantenha sempre a sua geladeira bem fechada e limpa, fazendo o degelo todo mês. E nunca utilize a parte de trás para secar panos.

A manutenção do eletrodoméstico é fundamental. Comece verificando sua borracha de vedação (o mesmo vale para o forno). Ela deve estar bem firme, e suas partes devem estar novas. Caso não haja total aderência, é hora de comprar uma nova borracha para o equipamento.

Caso sua geladeira e freezer sejam antigos, descongele-os a cada 15 ou 20 dias. A grande quantidade de gelo faz com que o ar frio circule menos no aparelho, causando maior gasto de energia para compensar. Na verdade, se puder comprar um novo aparelho é melhor, já que eles consomem metade da energia para funcionar e não precisam do degelo.

E chegou a hora de falar da máquina de lavar louça. Ao contrário do que se imagina, ela é uma ótima alternativa para evitar o desperdício de água. Com 30 litros, ela consegue lavar a louça de quatro pessoas. A mesma quantidade de utensílios, quando lavados na pia, pode consumir até 100 litros de água.

A ressalva é: apenas ligue a máquina de lavar quando ela estiver cheia, e prefira os ciclos mais curtos e com água fria. Para que tudo fique limpinho, passe na louça um guardanapo já usado, a fim de tirar a gordura em excesso e os restos de alimentos.

## O lixo proveniente da cozinha

Se existe um local na casa que produz lixo, esse local é a cozinha. Seja reciclável ou orgânico, é lá onde se concentra a maioria das embalagens e, claro, restos de alimentos consumidos pela família.

Por isso, existem algumas regrinhas básicas que ajudam, e muito, no consumo responsável e sustentável.

A primeira regra, que além de eliminar boa parte das embalagens da sua vida ainda trará enormes vantagens para sua alimentação e saúde, é utilizar sempre alimentos frescos, comprados a granel e, de preferência, não processados. Isso fará com que você deixe de consumir os produtos industrializados e megaprocessados.

Como é praticamente impossível abrir mão totalmente dos produtos industrializados, é preciso também ter uma certa educação dentro da cozinha para que as embalagens sejam depositadas no local correto e tenham o melhor destino possível, a fim de agredir menos o meio ambiente.

Por isso, separe o lixo orgânico de papel limpo, plásticos, metais, vidros e todos os outros resíduos inorgânicos. Fazer isso é simples: basta colocar dois recipientes de lixo na cozinha, deixando os orgânicos em um local e o restante no outro.

CAPÍTULO 11 **Sustentabilidade Dentro de Casa** 101

Para quem mora em casa, é muito aconselhável fazer uma *composteira*, caixa com minhocas que transformam os restos de alimentos em húmus de minhoca, um dos melhores nutrientes para as plantas. Atualmente são diversas as ONGs que recolhem compostos orgânicos diretamente dos prédios e residências. O mesmo acontece com o óleo de cozinha que é usado nas frituras, porque ele jamais deve ser descartado na pia.

A propósito, falando em restos orgânicos, uma boa sacada é utilizar e consumir as cascas, talos e folhas de alimentos vegetais, promovendo o reaproveitamento alimentar. Eles enriquecem as preparações, podem ser utilizados para caldos concentrados e compotas, e, além de gostosos, ainda diminuem o lixo orgânico de sua casa.

Outro problema existente na cozinha — e infelizmente ainda sem uma boa alternativa — é o saco de lixo, extremamente poluente. Ainda não existem plásticos biodegradáveis que tenham um preço acessível a todos.

Utilize apenas um saco grande para todo o lixo da semana, pois isso já reduzirá os impactos. Outra opção é fazer "saquinhos" de dobradura com jornais. Eles cabem nos recipientes menores e serão menos poluentes.

# Área de Serviço

Já parou para contabilizar quanto você gasta na limpeza diária da sua casa e das roupas da família? E a energia e a água? Confira nossas dicas para economizar na lavanderia com base no uso consciente desses recursos.

Você presta atenção às substâncias químicas do detergente que compra? A maioria dos detergentes contém produtos químicos como fosfato, que pode prejudicar a pele, as roupas e dificultar o reaproveitamento da água em estações de tratamento.

» Quando você for comprar um detergente, procure os biodegradáveis e aqueles em que a matéria-prima seja natural. Por exemplo: em vez de glicerina, é mais aconselhável usar óleo de coco.

» Para limpar um determinado ambiente, basta diluir em água um pouco do desinfetante escolhido. A quantidade a ser diluída depende de quanta água você usará, que deve ser de acordo com o tamanho do espaço a ser limpo.

» Na hora de higienizar a geladeira e o fogão, umedeça um pano ou esponja macia e acrescente um pouco de detergente. Repita o processo sem o detergente para finalizar. Isso também evitará arranhões ou outros danos, como corrosão.

» Quando for lavar as roupas, espere juntar uma quantidade de peças que encha sua máquina, para ligá-la menos vezes na semana. Procure usar sabão concentrado. Ele vem armazenado em uma embalagem menor, que economiza água e plástico na sua fabricação, e ao mesmo tempo proporciona redução na emissão de $CO_2$, tanto na sua produção como na sua distribuição, pois seu tamanho permite acomodar um maior número de unidades por caminhão, além de gastar menos matéria-prima. Utilize uma tampinha do sabão concentrado para uma máquina cheia.

» Use apenas meia tampinha de amaciante concentrado para finalizar o processo. Essa quantidade é suficiente para amaciar.

Essas simples medidas reduzem os impactos causados na natureza e ajudam a preservar os recursos naturais, além de proporcionar economia na quantidade de energia e água gastas diariamente, ajudando também o seu bolso.

# Banheiro

O banheiro pode ser um dos maiores focos de desperdício dentro de uma casa.

O local não é apenas o cantinho da higiene diária. Ele simboliza também o espaço de combate ao estresse e o templo da beleza.

É nele que usamos boa parte da água que, muitas vezes, "jogamos fora". Por conta disso, o banheiro também está no topo em relação ao desperdício de recursos.

Para se ter uma ideia, o consumo de água no banheiro representa até 72% do gasto total da casa.

## Tudo começa pela atitude...

Antes de pensar em quebrar todo o banheiro e reconstruir tudo, existem diversas atitudes que colaboram, e muito, para evitar o desperdício de água e energia nesse espaço.

Fechar a torneira enquanto escovamos os dentes parece algo que todo mundo sabe, certo? Mas nem todo mundo faz. Ainda durante a higiene bucal, vale deixar um copo ao lado da pia para o bochecho, já que a torneira ligada faz com que muita água vá pelo ralo.

Você sabia que a água do banho pode ser reutilizada? Mesmo não tento um sistema especial de reúso, você pode armazenar aquela água colocando um balde ou bacia embaixo do chuveiro. Assim, o líquido pode ser utilizado para lavar roupa ou para qualquer outra atividade de casa. Basta usar a imaginação.

CAPÍTULO 11 **Sustentabilidade Dentro de Casa** 103

No caso do chuveiro a gás, o desperdício pode ser ainda maior. Isso porque a água demora para aquecer, fazendo com que boa parte dela escoe para o ralo sem nenhum uso. Deixe um balde debaixo do chuveiro até que a água esquente; depois você pode usá-la em casa para aguar plantas ou até mesmo como descarga.

Tenha certeza de que a pia e o chuveiro realmente estão fechados. Isso é imprescindível, porque a cada minuto podem cair até 60 pingos, que geram o desperdício de 24 mil litros de água em um só ano.

O mesmo cuidado deve existir com o vaso sanitário. Verifique sempre se há vazamentos. Para o teste, você pode jogar algumas gotas de corante na caixa que acumula água. Caso a água se misture ao corante, ou as gotas afundem, é melhor procurar um encanador.

Já que estamos falando de evitar o desperdício, não demore no banho. Um banho de aproximadamente 15 minutos chega a consumir 250 litros. Quando você deixa o chuveiro ligado apenas por cinco minutos e fecha a torneira enquanto se ensaboa, o consumo é muito menor, de apenas 80 litros.

Ainda sobre o consumo de água, que tal colocar um tampão na pia e fazer uma espécie de tanquinho no local? Dessa forma, o gasto para fazer a barba, por exemplo, cai para dois ou três litros.

## Ser limpo e sustentável: O melhor dos dois mundos

Manter o banheiro limpo em uma casa é imprescindível. O ambiente é cheio de bactérias.

São dezenas de produtos de limpeza que prometem matar todos os germes e bactérias e deixar seu banheiro limpo. Contudo, muitos desses produtos são extremamente tóxicos e fazem um mal danado, tanto para a sua saúde quanto para o meio ambiente.

Comecemos pelos aerossóis e produtos para esconder ou eliminar o mau odor, que é inevitável. A melhor alternativa, nesse caso, é procurar utilizar algo mais natural, como flores dentro do banheiro. A lavanda, por exemplo, tem um cheiro mais forte e pode ajudar a disfarçar os maus odores. Outra opção é o óleo essencial, que também pode resolver o problema.

Poderoso agente de limpeza, o bicarbonato de sódio pode ser usado sem medo. Além de não ser tóxico, ele é ótimo e, de quebra, barato. Basta comprar o produto e misturar em partes iguais com água. Aplique nas áreas que estão com mau cheiro e, em seguida, lave o local. Essa é a hora de usar aquele balde com água que você encheu no banho, lembra?

# Duas lixeiras

Isso é recomendável também para o banheiro. Uma deve ser usada apenas para jogar o papel higiênico, enquanto na outra podem ser jogados os materiais recicláveis, como potes e embalagens. Misturar tudo não dá!

# Luminárias de LED

Esqueça as lâmpadas convencionais! Elas certamente não vão ajudá-lo na economia de energia. Há algum tempo as lâmpadas fluorescentes tomaram conta do mercado por serem bem mais econômicas do que as incandescentes. Porém elas acabaram desbancadas pelas lâmpadas e luminárias de LED — *Light Emitting Diode* (Diodo Emissor de Luz) —, que resultam em uma economia de aproximadamente 80%.

Outra vantagem dessas lâmpadas é que seu raio luminoso é livre de UV e de calor, ou seja, ela proporciona maior conforto térmico à edificação, o que também faz com que o consumo energético seja reduzido.

# Claraboia

No caso das casas, as claraboias podem ser grandes aliadas para a redução do consumo de energia. Por conter transparência, elas aproveitam a luz natural, trazendo a claridade necessária para o dia a dia e o funcionamento do banheiro.

# Banheira sustentável

Ter uma banheira em casa é um luxo do qual todos gostamos. E é possível fazer um projeto sustentável utilizando o material correto para que seu banho relaxante não agrida tanto a natureza.

Não é tão fácil assim encontrar o produto no mercado, mas já há muitos avanços no segmento, fazendo com que sua qualidade se compare à das banheiras comuns. Dentre os diversos materiais utilizados na construção das banheiras sustentáveis, destacam-se:

> » **Madeira:** Além de luxuosas, elas também podem ser bem sustentáveis, dependendo de sua procedência. Algumas pessoas têm dúvidas sobre sua durabilidade, mas já existem diversas técnicas que fazem com que a água seja retida e a banheira dure por muitos anos. Entre as melhores opções de madeiras estão a teca, o bambu e o mogno. Além disso, vale lembrar que a madeira, quando de reflorestamento, é um dos materiais mais sustentáveis que existem.

- **Aço inoxidável:** Amplamente disponíveis no mercado, as banheiras de aço inoxidável ainda podem trazer um glamour do passado. Além de trazer luxo para o ambiente, também são muito resistentes e podem durar uma vida inteira quando o material é de qualidade. Não existe risco de rachar ou lascar, e é um material reciclável, que pode ser derretido e se transformar em diversos outros produtos para a casa.
- **Telha cerâmica reciclada:** O nome já diz tudo: é reciclada! Você encontra esse tipo de banheira em todos os acabamentos e cores que imaginar. Mas é necessário algum cuidado na escolha, porque, quando mal fabricada, ela não tem uma vida útil muito longa.

## Para ficar limpinho e cheiroso

O Brasil é hoje o terceiro mercado global em beleza, atrás da China e dos Estados Unidos. O brasileiro destina 2% de seu orçamento à compra de produtos de higiene e beleza, segundo a Associação Brasileira da Indústria de Higiene Pessoal, Perfumaria e Cosméticos (Abihpec).

Temos um histórico de crescimento anual sucessivamente superior ao da média industrial do país, o que significa alto e crescente nível de consumo desse tipo de produto pela população.

Mas o mercado de produtos naturais, os chamados orgânicos, representa apenas 2% do total. No Brasil, os produtos orgânicos para higiene e beleza não possuem uma legislação específica, nem registro na Anvisa. Ainda assim, vem aumentando o número de empresas dispostas a atuar de forma a causar menos impacto no meio ambiente e a recorrer ao termo "natural".

Esse crescimento é reflexo de uma cultura que surge a partir da mudança do comportamento do consumidor. Cada vez mais informado, ele passa a cobrar das empresas atitudes que sejam compatíveis com o meio ambiente e que tragam benefícios mais reais durante o uso. A preocupação com a sustentabilidade precisa estar presente não apenas na confecção da embalagem, mas em todo o processo de produção, incluindo o tipo de colheita da matéria-prima que será usada.

CUIDADO

Fique atento à composição dos produtos que compra, para evitar riscos à saúde e danos ambientais.

No topo da lista dos produtos a serem eliminados de seu banheiro sustentável estão os parabenos, compostos químicos presentes não apenas em produtos de beleza, mas também em alimentos e medicamentos. Os parabenos são uma classe de compostos químicos normalmente utilizados como conservantes, principalmente em cosméticos. Os tipos mais comuns são o metilparabeno, o propilparabeno, o etilparabeno e o butilparabeno.

Segundo a Food and Drug Administration (FDA), entre os produtos que podem conter parabenos estão maquiagens, desodorantes, hidratantes, loções, esmaltes, óleos e loções infantis, produtos para o cabelo, perfumes, tinta para tatuagens e até mesmo cremes de barbear.

Os parabenos oferecem proteção contra micróbios e outros microrganismos, com o intuito de garantir tanto a integridade do produto quanto a saúde do indivíduo que o usa. Mas não é bem assim que as coisas realmente acontecem.

Os impactos sobre a saúde humana do uso de produtos que contêm parabenos é tema bastante polêmico. O principal motivo disso é a discussão sobre tais compostos químicos serem ou não carcinógenos (causarem câncer).

Tudo começou com uma série de e-mails virais informando que o uso de desodorantes estaria ligado ao desenvolvimento de câncer de mama. Essa declaração teve origem em uma pesquisa que correlacionaria o desenvolvimento de câncer de mama aos parabenos. Nesse artigo eram levados em conta os xenoestrogênios fracos, encontrados em desodorantes.

Atualmente, tanto a Sociedade Americana de Câncer (ACS) quanto a Agência Internacional pelo Estudo do Câncer (IARC), que faz parte da Organização Mundial da Saúde (OMS), afirmam que não existem provas contundentes de que os compostos químicos parabenos estão relacionados ao desenvolvimento de câncer. Outros estudos apontam que o consumo de produtos que possuem parabenos pode causar alergias e envelhecimento precoce da pele.

O parabeno interfere no sistema endócrino de humanos e animais — ele possui uma atividade estrogênica —, por conta disso, ele é considerado um disruptor endócrino. Atualmente essas substâncias vêm ganhando relevância, pois mesmo em doses pequenas podem causar malefícios à saúde e ao meio ambiente.

# Evitando os parabenos

O controle sobre a quantidade de parabenos presentes em cosméticos é bastante rígido. No Brasil, a Anvisa estabeleceu como limite as concentrações máximas de 0,4% de cada parabeno e um máximo de 0,8% de parabeno total no produto cosmético.

Existem diversas opções no mercado que são totalmente livres de parabenos.

Confira a lista negra de componentes a serem evitados em cosméticos — ela pode crescer com o tempo. Lembrando que esses são os componentes mais comuns.

> **» METIL, PROPIL, BUTIL E ETILPARABENO**
>
> Basicamente são conservantes e evitam o crescimento de micróbios. Podem causar reações alérgicas. Estudos mostram que podem ser absorvidos pela

pele, e são um dos componentes mais comuns nos cosméticos, embora sejam tóxicos. Também foram encontrados alguns tipos de parabenos em tecidos cancerosos.

### » DIETANOLAMINA (DEA), TRIETANOLAMINA (TEA)

São usados como emulsionantes ou espumantes nos cosméticos. Podem causar alergia, ressecamento de pele e cabelos, e irritação nos olhos. São compostos de amônia. Se usados frequentemente, o organismo os vai absorvendo, e você acaba intoxicado!

### » SÓDIO LAURIL/LAURETH SULFATO

É o que causa a espuma nos shampoos. Tem propriedade detergente devido à sua ação emulsificante, que remove a gordura da pele, cabelo e até do chão!

Pode causar irritação nos olhos, pele e mucosas.

### » DIAZOLIDINIL UREA, IMIDAZOLIDINYL UREA

Conservantes muito comuns em cosméticos. Estudos apontam que são uma das principais causas de dermatite de contato. Atendem também pelo nome de germall, e não são um fungicida eficaz, assim, precisam ser combinados com outro conservante, como os parabenos. Para piorar ainda mais, germall libera formaldeído, que já sabemos que pode ser tóxico.

### » PROPILENO GLICOL

Uma glicerina vegetal com álcool de cereais, o que lhe daria o status de natural. No entanto, já existe uma mistura petroquímica sintética que imita a ação umectante do produto natural. Pode causar reações alérgicas e problemas de pele, como eczema e urticária. Pode vir descrito como PEG (polietileno glicol), que é a versão sintética.

### » PETROLATO

Geleia de petróleo, um óleo mineral que é usado por sua ação emoliente. Não traz nenhum benefício para a pele, e ainda forma uma espécie de "filme", um celofane que impede a pele de se hidratar ou assimilar os ingredientes benéficos que seu hidratante possa ter.

Se não traz nada de bom, por que o usam? Pelo seu custo extremamente baixo.

### » COPOLYMER VA/PVP

Derivado do petróleo muito utilizado em sprays, cremes de pentear e outros cosméticos. Sua toxicidade vem de suas partículas, que, quando inaladas, podem causar danos aos pulmões de pessoas suscetíveis.

### » CLORETO DE STEARALKONIUM

Combinado de amônio quaternário encontrado em cremes e condicionadores de cabelo. Foi criado pela indústria de tecidos como amaciante e é usado por ser mais barato e fácil de utilizar em produtos capilares do que óleos essenciais e proteínas, que são benéficos para o cabelo. É toxico e pode provocar reações alérgicas.

### » CORANTES SINTÉTICOS

São usados para dar um aspecto atraente aos cosméticos. Normalmente se apresentam como FD&C ou D&C, acompanhados por uma cor e um número. Exemplo: FD&C Laranja n.4 ou D&C Lilás n.5. E, sim, corantes sintéticos podem ser cancerígenos.

São encontrados naquele hidratante de cor linda ou na sua tintura de cabelo.

### » FRAGRÂNCIAS SINTÉTICAS

Esses compostos podem ter até 4 mil ingredientes. Não há como saber quais são esses químicos, já que no rótulo diz simplesmente "fragrância". E podem causar problemas como dores de cabeça, problemas de pele e respiratórios, vômitos e inúmeras disfunções.

### » ETANOLAMINAS (ETA OU MEA)

Líquidos tóxicos e corrosivos, são usados frequentemente para ajustar o pH ou a viscosidade dos produtos. Embora correspondam à menor porcentagem de uma fórmula, provocam instabilidade no produto e podem causar alergias e irritações na pele.

### » BHT (BUTYLATED HYDROXYTOLUENE)

Composto orgânico lipossolúvel produzido a partir do cresol e do isobutileno, é um antioxidante usado como aditivo alimentar e conservante para remédios e cosméticos. Suspeita-se de que pode causar câncer. Foi banido no Japão em 1958, além de em outros países, como Romênia, Suécia e Austrália. Nos Estados Unidos, foi banido de alimentos infantis.

### » TRICLOSAN

É basicamente um pesticida tóxico e poluente ambiental muito usado em sabonetes antibactericidas, mas também em vários outros produtos. Pode causar problemas no fígado e desregular a tireoide. Estudos têm demonstrado que não é efetivamente filtrado durante o tratamento de água, e há traços dele em rios e lagos no mundo todo.

# Alquimia caseira

Se você prefere seguir a cartilha da vovó e usar o método caseiro para se limpar e se embelezar, pode fabricar seu próprio produto. Além de ser mais barato, ainda é mais seguro para a saúde e para o meio ambiente.

Se você utilizar ingredientes menos nocivos, como o bicarbonato de sódio e os diversos tipos de vinagre, os danos à saúde e ao ambiente serão reduzidos, pois se tratam de elementos alternativos aos compostos sintéticos encontrados nos shampoos e nas pastas de dentes.

LEMBRE-SE

É importante ressaltar que quaisquer substâncias, em dosagens adequadas, não oferecem risco à saúde. Elas passam a apresentar riscos quando administradas de forma exagerada. Seguir as dosagens apropriadas das receitas garante sua segurança. Outro ponto está relacionado ao uso de substâncias por pessoas alérgicas. Se você for alérgico a algum ingrediente das receitas ou tiver algum tipo de problema capilar, seu uso não é indicado.

Confira a seguir algumas receitas caseiras fáceis de fazer e amigas do meio ambiente.

## Shampoo de vinagre e bicarbonato de sódio para cabelos oleosos

**Ingredientes**

A quantidade de cada item abaixo é suficiente para cerca de duas semanas de uso do produto.

- 1 colher de sopa de bicarbonato de sódio
- 1 colher de sopa de vinagre de maçã
- 400ml de água
- 1 recipiente vazio para armazenagem

**Modo de preparo**

Misture o bicarbonato de sódio a 200ml de água e armazene em um recipiente, que pode ser uma garrafa PET. Para utilizá-lo, molhe bem o cabelo, aplique o produto e massageie por alguns minutos. Em seguida enxágue com água abundantemente.

Logo depois, adicione o vinagre aos 200ml de água restante e aplique nos cabelos lavados com bicarbonato de sódio. O vinagre diluído neutralizará o pH do cabelo, fazendo com que suas cutículas se fechem, consequentemente proporcionando muito brilho aos fios.

Não se preocupe com o aroma do vinagre e do bicarbonato, pois ambos estão em quantidades muito pequenas, e após o enxágue com água esses odores característicos se tornarão imperceptíveis.

**Frequência de uso**

A frequência de uso desse shampoo depende especificamente de cada tipo de cabelo, sendo que os mais oleosos serão mais beneficiados por ele, já que sua ação potente de limpeza promove um equilíbrio natural da oleosidade dos fios. Portanto, cabelos mais oleosos podem ser lavados em torno de duas vezes por semana, ou até mais.

Já os cabelos mais secos e enfraquecidos devido a processos químicos ou mesmo por falta de hidratação adequada devem ser lavados com esse tipo de shampoo cerca de uma vez por semana.

O bicarbonato de sódio promove a abertura das cutículas dos fios, permitindo que a água penetre neles e realize a remoção da sujeira. O uso do vinagre na sequência se faz necessário para neutralizar esse pH alto, fazendo com que as cutículas se fechem novamente, e esse selamento promove brilho intenso dos fios. Se essa neutralização não ocorrer, aquela água que penetrou nas cutículas pode ocasionar um peso excessivo, e os fios podem se romper, tornando os cabelos quebradiços.

Isso explica a atenção maior na periodicidade do uso desse shampoo para cabelos já enfraquecidos ou maltratados. No entanto, com o uso prolongado, certamente os cabelos se beneficiarão de sua composição livre de agentes químicos nocivos e vão readquirir aos poucos a vitalidade e o brilho.

# Shampoo e condicionador de abacate para cabelos secos

**Ingredientes**

- » 1 xícara (tipo caneca) de bicarbonato de sódio
- » ¼ de xícara (tipo caneca) de abacate
- » 400 ml de água filtrada
- » 1 recipiente vazio para armazenagem

**Modo de preparo**

Misture os ingredientes em um recipiente para obter uma forma homogênea. Quanto maior a quantidade de abacate adicionada, maior o poder de hidratação — o que também pode servir para substituir o condicionador tradicional. Mas lembre-se: muito abacate pode deixar os cabelos oleosos e com um aspecto de mal lavados.

Para utilizá-lo, molhe bem o cabelo, aplique o produto e massageie por alguns minutos. Em seguida, lave abundantemente. Não se esqueça de conservar o produto caseiro em geladeira por, no máximo, duas semanas.

Essa fórmula pode ser usada de uma a duas vezes por semana, de acordo com o tipo de cabelo e com a necessidade específica de hidratação.

## Pasta de dentes

Ao fazer sua própria pasta de dentes você elimina dois ingredientes problemáticos: a *glicerina* e o *flúor*, que provocam danos devido ao processo químico que recebem quando de sua industrialização.

O flúor é um subproduto da mineração, e pode-se dizer que é *um dos maiores golpes aplicados no público*. Na verdade, em vez de beneficiar, ele provoca *danos aos dentes* quando usado por um longo período. Já a glicerina funciona como *bloqueador da remineralização* do esmalte que cobre os dentes.

É claro que se podem utilizar esses dois produtos sem que haja consequências negativas, mas desde que sejam *naturais*. Todos os itens que usará em casa poderão ser encontrados em lojas de produtos naturais, incluindo lojas online e farmácias.

### RECEITA TRADICIONAL

**Ingredientes**

> » 2 colheres de sopa de casca de laranja, ou limão, completamente secas
> » ¼ de xícara de bicarbonato de sódio
> » 2 colheres de chá de sal

**Modo de preparo**

Faça a moagem da casca em um moinho ou processador de alimentos. Acrescente o sal e o bicarbonato. Misture tudo e volte a passar pelo processador até obter um pó muito fino. Guarde em um frasco que possa ser bem fechado. Quando for utilizar, umedeça a quantia desejada e escove os dentes como de costume.

### RECEITA BÁSICA

**Ingredientes**

> » 1 colher de sopa do pó da receita tradicional
> » ¼ de colher de sopa de peróxido de hidrogênio

**Modo de preparo**

Misture os dois ingredientes, deixe guardado em um pote bem fechado, e também umedeça quando for utilizar.

## RECEITA ESPECIAL

**Ingredientes**

- » Bicarbonato de sódio
- » Sal
- » Água
- » Argila bentonítica em pó
- » Óleo de menta

**Modo de preparo**

Faça a mistura de três partes iguais de bicarbonato de sódio com uma parte de sal. Para cada ¼ dessa mistura, adicione três colheres de chá de argila bentonítica. Aos poucos vá acrescentando água, até conseguir uma pasta grossa. Adicione o óleo de menta em quantidade proporcional à quantidade que estiver fazendo.

## RECEITA SUPER-REFRESCANTE

**Ingredientes**

- » 6 colheres de chá de bicarbonato de sódio
- » $^1/_3$ de colher de chá de sal marinho
- » 4 colheres de chá de pó de argila bentonítica
- » 15 gotas de óleo de hortelã-pimenta

**Modo de preparo**

Faça a mistura de todos os ingredientes até conseguir uma pasta consistente. Armazene bem para conservá-la.

## PARA DENTES SUPERSAUDÁVEIS

**Ingredientes**

- » Bicarbonato de sódio
- » Peróxido de hidrogênio

» Adoçante xilitol

» Óleo de cravo

**Modo de preparo**

Misture partes iguais de todos os ingredientes e deixe tudo guardado em um frasco que possa ser bem fechado. Esse creme dental, em especial, é fantástico para proteger os dentes, pois age como um desinfetante da boca. É indicado especialmente para quem sofre com dentes sensíveis ou com dor de dente.

# Vestuário

Foi-se o tempo em que o critério para se vestir era a beleza e o preço da peça. Hoje em dia o consumidor consciente pensa em tecidos "inteligentes" (menos agressivos ao meio ambiente), deseja contribuir para o comércio justo e com responsabilidade social atrelada à produção. Também conhecida como *eco-fashion*, a moda sustentável visa a confecção de vestimentas que utilizem matérias-primas ecologicamente corretas, respeitem as leis trabalhistas, levem em consideração o impacto da produção no meio ambiente e garantam a cooperação entre produtor e comunidade local. No Brasil, a questão da sustentabilidade vem se tornando essencial para várias marcas nacionais.

A moda sustentável abraçou o ideal de equilíbrio entre natureza, economia e sociedade para alcançar o novo consumidor, mais exigente e preocupado com as pegadas que deixa sobre o planeta.

Incorporando às criações de vestuário valores como consumo consciente e personalidade, a moda engajada ganhou poderosos defensores em todo o mundo, que vão desde as cooperativas de moda artesanal ao mais alto público da moda de luxo.

Entre os nomes que têm despontado na nova vertente da indústria fashion, um dos mais influentes é o da estilista inglesa Stella McCartney. Com suas roupas sofisticadas — objetos de desejo de mulheres em todo o mundo —, a filha do músico Paul McCartney é prova de que é possível unir elegância, responsabilidade e rentabilidade em uma mesma peça.

Entre suas transformações positivas na moda mundial, Stella apresentou coleções luxuosas sem o uso de couro de vaca e peles de animais, criou uma linha exclusiva para a Adidas produzida com tecidos de PET reciclado e algodão orgânico, e desenvolveu uma linha de lingerie feita somente com a fibra natural. Suas lojas são abastecidas por energia eólica, utilizando sacolas de papel reciclado ou feitas de milho biodegradável para entregas.

# Orgânico

Design, tecnologia e ecologia foram parar na mesma máquina de costura. Orgânico é a palavra de destaque nesse segmento. Para serem classificados como orgânico, algodão, juta e bambu devem ser produzidos sem o uso de inseticidas ou pesticidas. Para se ter uma ideia do que isso significa, o cultivo de algodão pelo sistema convencional consome um quarto do inseticida produzido no mundo. Na versão orgânica, alguns agricultores usam água reciclada nas plantações para diminuir ainda mais o impacto ambiental. A maior novidade, no entanto, são as roupas produzidas com material reciclável. Aqui as estrelas são a garrafa PET, transformada em tecido, e o pneu, que vira solado de sapato. E na bijoux, destaque para a madeira de reflorestamento.

# Tecnologia

## Algodão orgânico

É cultivado sem o uso de pesticidas, fertilizantes químicos e reguladores do crescimento. Para ser 100% orgânico, no processo de tingimento devem ser usados pigmentos naturais.

## Fibra de bambu

Planta de crescimento rápido, o que significa que é altamente renovável. Se reproduz em abundância sem o uso de pesticidas e fertilizantes. Sua fibra é naturalmente antibacteriana, biodegradável e extremamente macia. Tem característica termodinâmica, deixando a peça fresca no verão e mais quente no inverno.

## Garrafas PET

O plástico reciclado é transformado em fibras que produzem um tecido forte, mas macio. Em geral, elas são combinadas com algodão, o que lhes dá um toque ainda mais confortável.

## Juta

Com aparência semelhante à do linho, é plantada na região amazônica, sem nenhum impacto ambiental. É preciso apenas água para seu cultivo, sem a necessidade do uso de agrotóxicos. Além disso, é biodegradável.

## Corante natural

Produzido a partir de pigmentos naturais de plantas, cascas de árvores e raízes, confere cores vivas e inusitadas aos tecidos. Além de ser esteticamente fascinante, não polui o meio ambiente, nem contamina a água. O processo é todo natural, inclusive o de fixação. Na grande indústria, a fixação das cores nos tecidos é frequentemente realizada com o uso de metais pesados, que prejudicam não somente o meio ambiente, mas também a saúde.

## Fast Fashion

Moda por uma pechincha, isso é o que todo mundo quer.

Uma camiseta por R$8 não é algo impossível. Ao contrário. Infelizmente, as pessoas nem sempre consideram quem está pagando o preço real por trás da moda barata.

Você sabia que uma fábrica de roupas em Bangladesh, um grande polo de confecção mundial de roupas e acessórios, paga a mulheres e crianças cerca de 13 centavos por hora para costurarem camisetas em um ambiente hostil? Isso mesmo! Só 13 centavos!

A grande responsável por isso é a chamada *fast fashion*, termo que significa um padrão de produção e consumo no qual os produtos são fabricados, consumidos e descartados rapidamente. Esse modelo de negócios depende da eficiência em fornecimento e produção para alcançar custo baixo e curto tempo de comercialização dos produtos, a fim de atender à demanda por novos estilos.

As grandes varejistas de moda, como Zara, H&M e Forever 21, faturam duas vezes mais que seus concorrentes tradicionais e têm uma margem de lucro entre 65% e 75%.

Até os anos 1970, 75% das roupas consumidas nos Estados Unidos eram produzidas no país. Entretanto, esse número caiu para apenas 2% em 2016, o que significa que a confecção de roupas é terceirizada para países como China, Índia ou Camboja, com o objetivo de acelerar a produção e aumentar as margens de lucro.

O custo de mão de obra no exterior, por exemplo, representa menos de 1% do valor de varejo de uma peça de roupa. O pagamento dos trabalhadores de fábricas têxteis muitas vezes é feito por produção (por peça), o que gera baixo custo para o consumidor e alto custo para os trabalhadores, já que enfrentam longas jornadas de trabalho em espaços superlotados e em condições perigosas.

Portanto, prefira marcas que produzem localmente, por um preço justo, e que estão de olho nas atividades de seus fornecedores. Usar um vestido feito por mão de obra escrava ou infantil não é nada sustentável!

**NESTE CAPÍTULO**

» Otimizando o consumo no supermercado

» Incrementando atividades mais justas e ecológicas

# Capítulo **12**

# Supermercado

E is uma das tarefas mais importantes na rotina da casa. Com algumas escolhas simples e pequenas mudanças de atitude, é possível abastecer a dispensa e diminuir os impactos no planeta.

Veja dez dicas práticas para tornar esse momento mais sustentável.

## Faça uma Lista de Compras

Nos dias de hoje somos incentivados a consumir o tempo todo. Por isso, muitas vezes compramos mais do que realmente precisamos. Para evitar esse consumo abusivo, uma boa dica é fazer uma lista de compras antes de ir ao supermercado. Isso evita aqueles impulsos de levar coisas desnecessárias, como uma bebida de que você nem gosta tanto ou um pacote de salgadinhos que engorda e faz um mal danado à saúde.

Se for comprar alimentos perecíveis, leve apenas a quantidade necessária. Fique atento também ao prazo de validade dos enlatados. Comprando apenas aquilo que sabe que consumirá, você acaba gastando menos e evitando que frutas, legumes, verduras, hortaliças e carnes apodreçam em sua casa, ou que produtos passem da validade e acabem no lixo.

# Se Alimente Antes de Ir ao Supermercado

Parece óbvio, mas é a pura verdade. Um estudo mostra que pessoas com fome compram mais comida. Compras desnecessárias tendem a gerar mais lixo e desperdício. Por isso, faça um lanche ou uma refeição e não vá às compras de barriga vazia.

Bem alimentado e com a ajuda de uma lista de compras, fica mais fácil comprar somente o que for preciso, pôr em prática o consumo consciente e evitar gastos desnecessários.

# Evite as Compras de Mês

Em vez de ir uma vez só ao supermercado e comprar um estoque mensal de alimentos, prefira ir quinzenal ou semanalmente. Assim você evita comprar produtos que perderão a validade e acabarão no lixo.

Você ainda pode aproveitar e resgatar um costume comum de nossos pais e avós, mas pouco valorizado nos dias de hoje: as feiras livres. Ali você pode encontrar uma variedade maior de produtos, muito mais saudáveis e saborosos. Mas não se esqueça de comprar apenas o necessário para o seu consumo e de sua família até a próxima feira.

# Faça o Supermercado pela Internet

Muitas redes de supermercados já dispõem de serviços de compras pela internet. Se o seu já oferecer esse benefício, use-o. Além de seguro, o serviço poupa combustível (já que a entrega normalmente é sincronizada e feita de uma vez só, por um único veículo), tempo, dinheiro e estresse.

Apenas evite pedir produtos com entrega para o dia seguinte, já que isso geralmente consome muita energia. Também tente fazer as encomendas junto com parentes, amigos e vizinhos. Isso evitará mais gastos com entrega e viagens desnecessárias.

# Compre a Granel

Em vez de comprar alimentos em embalagens padronizadas, experimente comprar somente a quantidade de que você precisa. Além de evitar as embalagens descartáveis, você reduz o desperdício.

Diversas feiras e supermercado oferecem a opção de compra a granel; alguns são até mais baratos que os tradicionais. É possível inclusive encontrar alimentos orgânicos vendidos em quantidade individual e com preços bem acessíveis. Outra dica é utilizar embalagens retornáveis (como aqueles sacos plásticos vedáveis) e reutilizá-las sempre que for comprar determinado produto.

# Prefira Alimentos Sazonais, Orgânicos e Locais

A natureza não produz bananas ou melancias o ano inteiro. Então de que forma é possível encontrar sempre as mesmas hortaliças, legumes, verduras e frutas nos supermercados? Ora, cultivando de maneira a induzir a frutificação. Isso significa usar uma grande quantidade de água e agrotóxicos, e lançar poluentes no solo. Na feira, portanto, fique atento à temporada e compre somente o que estiver dentro da estação. Você levará para casa alimentos mais saudáveis, que agrediram menos a natureza e que certamente terão um sabor muito melhor.

Sempre que possível, procure ainda comprar alimentos orgânicos. Eles normalmente trazem um selo de garantia e foram cultivados naturalmente, sem nenhum tipo de inseticida ou modificação genética. Fazem bem à saúde e são muito mais saborosos. Diversos estudos demonstram que a exposição humana a pesticidas pode causar problemas neurológicos, vários tipos de câncer, danos ao sistema imunológico e redução na fertilidade. Além disso, os agrotóxicos também contaminam a água e o solo.

Também prefira os alimentos que são cultivados dentro do perímetro da sua região, que geralmente causam menos emissão de carbono na atmosfera durante o transporte e estimulam os produtores locais. Mas tome cuidado para não comprar alimentos cultivados em estufas aquecidas com energias não renováveis, mesmo que elas estejam próximas a você.

# Não Compre Produtos de Empresas Irresponsáveis

Como consumidores, temos um grande poder de influenciar e mudar as práticas das empresas. Ao comprar produtos de marcas que agem de forma consciente e sustentável e que respeitam o meio ambiente, a cultura e a comunidade, e boicotar aquelas que atuam de forma oposta, você ajuda a mudar a realidade.

Grandes empresas já sofreram boicote e viram seus produtos serem deixados nas prateleiras como forma de protesto de seus consumidores. Entre as críticas mais comuns estão as péssimas condições trabalhistas às quais estão sujeitos os empregados (algumas vezes, até crianças) e a degradação ambiental causada pelos produtos dessas empresas.

# Não Manipule Alimentos na Hora da Escolha

Toda vez que você manipula algum alimento, como frutas, verduras e legumes, você reduz a sua vida útil e aumenta as chances de desperdício. Por isso, evite ao máximo o contato na hora da escolha.

Quando for à feira ou ao supermercado, escolha com os olhos e pegue nos alimentos somente depois que decidir qual irá levar.

# Recuse Sacolas Plásticas

Se for comprar pouca coisa, recuse a sacola plástica e leve os produtos em uma ecobag ou mesmo na bolsa ou mochila. Assim você reduz o consumo de plástico e vira um propagador da consciência ambiental.

Não deixe de explicar por que você está abrindo mão da sacolinha plástica e mostre que é possível carregar suas compras sem consumir mais plástico. E se as compras foram grandes, opte por ecobags resistentes, caixotes ou carrinhos, e ajude a preservar o planeta.

# Cozinhe em Quantidade e Congele

Quando já estiver em casa com suas compras, separe um dia para preparar várias refeições para todo o mês ou para a semana. Depois basta guardar no freezer e reaquecer no dia de consumi-las. Essa prática ajuda a economizar ingredientes e energia.

Os processos de descongelar e esquentar são mais econômicos do que se você fosse preparar todo o alimento de novo. Cada vez que você vai para a cozinha preparar uma refeição, você consome uma enorme quantidade de água, eletricidade (geladeira, micro-ondas, liquidificadores etc.), gás e também de alimentos, já que sempre sobra um pedaço de legume ou um punhado de tempero que termina no lixo.

Fazer tudo de uma vez evita esse tipo de desperdício e ainda poupa tempo para outras atividades.

120    PARTE 2 **Consumo Consciente**

# 3 Uso de Energia

## NESTA PARTE...

Países como Reino Unido, Escócia, Portugal e Alemanha já registram períodos do ano em que 100% da eletricidade consumida é fornecida por energias renováveis. Há um rápido crescimento do mercado dos chamados títulos verdes (ou green bonds). Isso é uma indicação de que o capital privado está saindo dos combustíveis fósseis para a energia renovável.

As fontes renováveis são majoritárias na matriz energética do Brasil, respondendo por 79,3% da eletricidade consumida. Estamos em quarto lugar mundial em termos de potencial para expandir a geração de energia eólica. Temos também condições de dar um grande impulso à energia solar diante do forte crescimento do registro de projetos nos leilões.

A viabilidade da produção a carvão está comprometida e o consumo de petróleo tende a cair, podendo atingir o pico em 2030, com o crescimento exponencial e continuado dos veículos elétricos, eficiência energética e energia renovável.

**NESTE CAPÍTULO**

» A luta da humanidade pela sobrevivência é, em última instância, a de garantir energia

» A crise energética é hoje o nosso maior desafio

» Como a eletricidade moldou nossa forma de estar no planeta

Capítulo **13**

# Das Profundezas da Terra aos Raios Solares: Situação Mundial do Consumo de Energia

A luta do ser humano por energia é milenar. Há mais de 100 mil anos o homem manipula a natureza para a fabricação de energia, essencial para se proteger do frio, para poder cozinhar e garantir sua segurança em meio à escuridão.

A eletricidade revolucionou as sociedades, tendo o petróleo como carro-chefe dessa transformação. Sem o chamado "ouro negro", ainda estaríamos nos deslocando em carroças e no lombo de cavalos, a não ser pelos trens desenvolvidos no século XIX, usando carvão e lenha como combustível. E, claro, ninguém quer voltar aos tempos em que calor e proteção eram obtidos apenas por meio de peles de animais e tochas.

A riqueza de muitas nações foi construída com base na produção de petróleo. Mas o consenso que se formou em torno do aquecimento global transformou o combustível fóssil em vilão. Devido ao nível de emissões de gás carbônico na atmosfera, principal causa do efeito estufa, a temperatura global continua subindo (0,6°C em 2014, e 0,72°C em 2015), com recordes negativos em sucessão. Em 2016 houve um aumento de 0,84°, comparado com o período de 1961 a 1990.

E a crise energética que vivemos não se restringe à produção fóssil (carvão, petróleo, gás natural). Até mesmo a operação hidrelétrica, não associada diretamente à emissão de carbono e considerada limpa a partir do início da produção energética, tem enorme impacto sobre comunidades e a natureza em sua fase de implantação. Assim, produzir e consumir energia são atividades hoje muito nocivas à saúde da população e ao planeta.

A prioridade nos dias atuais são as fontes renováveis e de menor prejuízo ao meio ambiente e à saúde das pessoas.

Até porque as reservas conhecidas de petróleo, — chamadas de "petróleo convencional" — vêm sendo exploradas há 50 anos, e praticamente todas — com exceção das reservas dos países do Oriente Médio — já atingiram o máximo de produção. Oitenta milhões de barris são consumidos por dia no mundo.

As novas fontes de produção, como as do pré-sal — chamadas de "reservas não convencionais" —, exigem métodos especiais para exploração. De qualquer modo, tais fontes não conseguiriam mudar o quadro de exaustão geral das reservas de petróleo no mundo. No momento há uma evolução das alternativas ao petróleo.

PAPO DE ESPECIALISTA

No mundo já existem 30 mil turbinas eólicas, e a previsão é que até 2020 a energia dos ventos gerará 12% do total mundial. Hoje as usinas eólicas no Brasil estão em torno de 6% da matriz, com 9 gigawatts.

No mundo, os preços da energia solar caíram 20% entre 2016 e 2017. Com isso, em 2020, a energia solar e a eólica devem superar o carvão como fonte. No Fórum de Davos, onde líderes do pensamento econômico mundial discutem o papel da energia na atual transformação do modelo de crescimento planetário, chegou-se à conclusão de que as energias eólica e solar não são mais "tecnologias marginais". E a tendência continuará a ser de alta para as renováveis. Até países do Oriente Médio, que sempre investiram pesado no petróleo, estão ingressando na energia solar. Em 2050, centenas de milhões de carros elétricos estarão circulando no mundo. Em artigo da revista *New Scientist* (15/11/14), o estudioso Tim Ratcliffe prevê um declínio de US$30 bilhões por ano nos investimentos em energias fósseis. Já os investimentos em energias limpas, segundo a Bloomberg, aumentaram 16% em 2014. E os investimentos na área de eficiência energética serão da ordem de US$100 bilhões por ano. Na produção solar e na eólica, o crescimento foi de 10% em 2017.

**NESTE CAPÍTULO**

» O império do chamado "ouro negro" está com os dias contados

» A supremacia do petróleo saturou o planeta

» Os tipos de energia renovável e o estágio de utilização no mundo

Capítulo **14**

# Tipos de Energia Renovável

Energia limpa, também conhecida por energia renovável ou energia verde, é aquela produzida a partir de recursos renováveis, sem criar dívida ambiental. Isso não necessariamente significa que a geração energética não causa nenhum impacto ambiental. Ainda provoca, sim. Mas lança níveis mínimos de poluentes na atmosfera, apresenta um impacto sobre a natureza somente no local da instalação da usina e não utiliza recursos que se extinguirão. Entre as formas de energia que atendem a esses requisitos estão: energia eólica, energia solar, energia maremotriz, energia geotérmica, energia hidráulica e energia nuclear.

Todas essas formas de energia causam impactos ambientais, mesmo que sejam mínimos, porém não interferem na poluição em nível global.

# Tipos de Energias Limpas Existentes

Quando falamos em energia necessária para a movimentação dos veículos, a energia limpa refere-se àquela que não contribui de maneira significativa para a quantidade de carbono (mais especificadamente, dióxido de carbono — $CO_2$) na atmosfera, e, consequentemente, não intensifica o efeito estufa e não agrava o problema do aquecimento global. Entre elas podemos citar a biomassa (biocombustível), como o etanol e o biodiesel.

PAPO DE ESPECIALISTA

Para mostrar como esses combustíveis não interferem no ciclo do carbono, vamos citar como exemplo o biodiesel, que pode ser produzido a partir de vários óleos vegetais, tais como soja, amendoim, mamona, algodão, babaçu, palma, girassol, dendê, canola, gergelim e milho. Ao serem queimados, assim como qualquer material orgânico, os biocombustíveis também liberam dióxido de carbono. Mas esse gás volta a se fixar no vegetal durante seu crescimento por meio da fotossíntese. Desse modo, o balanço de carbono fica igual a zero para a atmosfera, por isso esses combustíveis são considerados "limpos". Já os combustíveis fósseis, como os derivados do petróleo, emitem gás carbônico desde sua extração até sua queima.

Embora as fontes renováveis ainda sejam majoritárias na matriz energética do Brasil, respondendo por 79,3% da eletricidade consumida (dos quais 70,6% de origem hidráulica, especialmente grandes hidrelétricas), esse percentual foi bem maior em anos recentes. Em 2011, era de 88,9%, e em 2012, 84,3%.

Vamos falar agora resumidamente de cada um desses tipos de energia limpa.

## Solar

Existem dois tipos de painéis que são chamados de solares: o fotovoltaico e o de aquecimento de água. O primeiro gera uma corrente elétrica a partir da reação química dos fótons da luz do Sol com as células de silício. O segundo aquece a água com o calor dos raios solares, e a água é mantida em um reservatório para ser usada em banhos e outros fins.

O custo dos painéis de aquecimento de água já são bastante acessíveis e estão sendo instalados inclusive em casas de baixa renda. Já o sistema fotovoltaico traz uma maior economia, pois pode gerar até 100% da energia consumida na construção, mas seu investimento inicial ainda é alto e por isso ainda não tão comum. As pessoas não analisam que o sistema, ao longo do tempo, paga o próprio custo e depois segue rendendo por, pelo menos, mais dez anos de energia grátis.

Os maiores produtores desse tipo de energia são o Japão e os Estados Unidos. Uma grande vantagem da energia solar é que ela é uma fonte inesgotável, com equipamentos de baixa manutenção, e pode abastecer locais em que a rede elétrica não chega. Entre as desvantagens, o fato de que sua produção é interrompida durante a noite e também diminui em dias chuvosos, em caso de neve, ou em locais sem muitas horas de Sol diárias.

## Eólica

Derivada do vento, a energia eólica é uma das formas mais antigas de energia utilizada pelo homem. Instalam-se eólias, isto é, hélices presas em um pilar, que captam a energia mecânica produzida pelos ventos para transformá-la em energia elétrica. É um cata-vento gigante. O vento gira as pás, que acionam um gerador, produzindo, dessa forma, energia elétrica. Os maiores produtores desse tipo de energia limpa são a Alemanha, a Espanha e os Estados Unidos. A fonte, assim como a solar, é inesgotável e também é capaz de abastecer lugares onde a rede elétrica comum não chega. O lado negativo é que esse tipo de energia provoca poluição visual, por causa das centenas de cata-ventos necessárias para a produção da energia, poluição sonora, interferência em transmissões de rádio e televisão, e eventuais mortes de pássaros que podem se chocar contra as pás.

## Maremotriz

Energia proveniente das marés. A água do mar movimenta uma grande turbina, que aciona um gerador, e assim a energia elétrica é produzida. O processo é bem parecido com o da energia eólica, apesar de não existir tecnologia para a exploração comercial. Os pioneiros desse tipo de produção são a França, o Japão e a Inglaterra. Entre seus pontos positivos está o fato de que a fonte de energia é abundante, com capacidade para abastecer muitas cidades situadas na costa. O problema é a produção energética irregular, por causa do ciclo das marés, além da diferença de nível destas ao longo do dia.

## Energia geotérmica

"Geo" significa Terra, e "térmica" corresponde a calor. Portanto, a energia geotérmica é a energia calorífica da Terra. Ela é oriunda do magma, que fica a menos de 64 quilômetros da superfície terrestre. Esse calor faz a água de camadas subterrâneas evaporar, e esse vapor é conduzido por meio de tubos até lâminas de uma turbina que são giradas por ele. Um gerador transforma essa energia mecânica em elétrica.

## Energia hidráulica

São construídas grandes usinas hidrelétricas, que aproveitam o movimento das águas de rios que possuem desníveis naturais ou artificiais. A construção dessas usinas pode causar alagamentos, mudanças na paisagem original, deslocamento populacional, destruição de ecossistemas, entre outros.

# Energia nuclear

As reações de fissão nuclear resultam na emissão de uma quantidade colossal de energia, que é usada nessas usinas para aquecer a água. O vapor gerado faz as turbinas girarem, produzindo energia elétrica.

A construção e manutenção de uma usina nuclear apresenta custo muito elevado, riscos de acidentes, problemas com o lixo nuclear gerado, e ainda tem o problema da água aquecida que retorna aos lagos, rios e mares, podendo causar a morte de peixes e outros seres vivos.

# Biocombustíveis

O biocombustível é o combustível que pode ser produzido a partir da biomassa, ou seja, de matéria orgânica animal e vegetal como plantas, gordura animal, óleo, açúcar e algas cultivadas. É um combustível não tóxico, renovável e biodegradável. Dois tipos chamam a atenção atualmente: o etanol, produzido no Brasil a partir da cana-de-açúcar e em outros países a partir do milho, e o biodiesel, obtido a partir de óleos vegetais, residuais (como de frituras) e gorduras animais.

Já temos a geração de etanol e biodiesel para veículos automotores a partir de produtos agrícolas, como a cana-de-açúcar e a semente de mamona, e cascas, galhos e folhas de árvores, que sofrem processos físico-químicos. O Brasil é um dos maiores produtores dessa fonte de energia. Seu ponto negativo é que a produção da matéria-prima do biocombustível ocupa terras destinadas ao plantio de alimentos.

# Biogás

Essa fonte de energia limpa transforma excrementos animais e lixo orgânico, como restos de alimentos, em gás, que pode facilmente substituir o gás de cozinha, derivado do petróleo. A matéria-prima do biogás é fermentada por bactérias em um local chamado biodigestor, liberando gás e adubo. O mais legal dessa fonte é que ela substitui diretamente o petróleo, dá um fim bem sustentável ao lixo orgânico, gera fertilizante, e os produtores rurais podem produzir sua própria energia limpa, sem ter que pagar por ela. Seu único problema é a dificuldade de armazenamento.

> **NESTE CAPÍTULO**
>
> » **Distribuindo a energia de forma eficiente**
>
> » **Controlando o consumo e a possibilidade de expandir a geração de energia limpa com smart grids**

# Capítulo **15**

# Smart Grid

Smart grids, ou "redes inteligentes", são os sistemas de distribuição e de transmissão de energia elétrica que foram dotados de recursos de tecnologia da informação (TI) e de elevado grau de automação, de forma a ampliar substancialmente sua eficiência operacional.

Graças ao alto nível de tecnologia agregado, as smart grids prometem diversas melhorias para o uso da energia elétrica.

O "coração" desse sistema são os medidores eletrônicos inteligentes, versões mais modernas que os medidores convencionais, que disponibilizam uma série de funcionalidades inovadoras, como o envio de eventos e alarmes, além da possibilidade de medição remota.

Com um medidor mais informativo e redes de distribuição inteligentes, poderemos economizar na conta de luz e, de quebra, tomar ciência do que gasta mais em nossas casas e estabelecimentos comerciais — facilitando a identificação dos comilões de eletricidade.

Os benefícios para os consumidores não param por aí. No futuro, as smart grids permitirão aos clientes das empresas que distribuem energia um acompanhamento mais rigoroso do consumo, muitas vezes obtendo as informações de forma instantânea. Não será preciso esperar a conta de energia chegar ao término do mês para tomar providências com relação a ela. Também permitirá a programação remota de acionamentos e desligamentos de aparelhos eletrodomésticos, de forma a permitir um aproveitamento do consumo de energia nas residências.

Para as concessionárias de energia, as redes inteligentes também poderão trazer vantagens em relação aos sistemas elétricos convencionais. Será possível a identificação instantânea e precisa de uma queda no fornecimento na rede e a realização automática de manobras necessárias para viabilizar um pronto restabelecimento do fornecimento. Outra vantagem é possibilitar um conhecimento mais profundo do comportamento do consumo dos clientes, o que tornará possível um melhor planejamento da ampliação da oferta, além de ajustar o sistema para essas características. Outro benefício desse conhecimento será a possibilidade de estabelecer um controle mais apurado de fraudes comerciais ou de perdas operacionais de energia, que podem ser identificadas mediante mudanças no comportamento do consumo.

As smart grids também vêm sendo apontadas como uma ferramenta providencial para os países se ajustarem às demandas resultantes do Protocolo de Kyoto. Os sistemas de geração de energia dos países desenvolvidos, em particular, são baseados no consumo de combustíveis fósseis, considerados os principais emissores de gases causadores do efeito estufa. Nesses países, as redes inteligentes são apontadas como o instrumento que permitirá a disseminação de fontes renováveis de energia, por meio dos conceitos de geração distribuída e microgeração.

E aí também entram os consumidores. Explica-se: as smart grids permitem a conexão de pequenos sistemas de geração fotovoltaicos (placas que aproveitam a luz solar) e eólicos (movidos pela força do vento) em consumidores de baixa tensão (clientes residenciais e comerciais), além de possibilitar um perfeito funcionamento desses sistemas em sintonia com todo o sistema elétrico. Dessa forma, no futuro, será possível expandir a geração de energia de forma descentralizada (sem a necessidade de construção de grandes e dispendiosos projetos de geração) e de forma pulverizada (permitindo ao consumidor final ser um microgerador de energia).

Essas características oferecem aos países vantagens como maior segurança no suprimento de energia e redução nos investimentos na ampliação do próprio sistema de transmissão e distribuição, bem como do parque gerador.

**NESTE CAPÍTULO**

» Técnicas computadorizadas ou mecânicas sem interferência humana

» Mecanismo que otimiza investimentos, emite menos resíduos e gera maior qualidade de vida

» Tecnologia preocupada com o meio ambiente

# Capítulo **16**

# Automação na Tecnologia

A tecnologia já faz parte de praticamente toda nossa vida. Com ela temos diversas facilidades e conseguimos administrar melhor nosso tempo.

As empresas, por sua vez, trabalham com os avanços tecnológicos, e seus fabricantes e idealizadores se empenham mais e mais para preservar o meio ambiente.

A mudança dos hábitos tanto das empresas quanto dos consumidores é perceptível, seja pelo fato de que o impacto ambiental já afetou o bolso de parte da população, seja pela preocupação com o futuro de nosso planeta.

Entre os mais procurados pela população estão os eletrônicos que economizam energia, os feitos com materiais menos poluentes e, claro, os recicláveis.

Um bom exemplo é a Apple, que desde 2007 se preocupa com as causas ambientais, após ter sido acusada de negligência em relação à sustentabilidade. A empresa prometeu mudanças na época e passou a produzir peças que causassem menor impacto ambiental, usando vidro reciclável e alumínio em seus aparelhos.

Assim como a Apple, diversas outras empresas dos mais diversos segmentos também decidiram mudar e criar tecnologias que evitassem desmatamento e emissões de gases tóxicos para o meio ambiente.

No caso da indústria automobilística, a grande revolução fica por conta dos carros elétricos, movidos a bateria, ou os híbridos.

Enfim, desde as grandes até as menores invenções, o importante é ver a preocupação em preservar o meio ambiente para o melhor funcionamento do ciclo de consumo ecológico.

Ainda encontramos os notebooks feitos de bambu, mouses produzidos com plásticos reciclados e até celulares que viram flores. O mercado já vai muito além da decoração feita de garrafas PET. Hoje podemos encontrar tecnologia sustentável, que caminha ao lado do meio ambiente e ainda deixa nossa vida muito mais funcional.

# Mas, Afinal, o que É a Tecnologia Sustentável?

Como em todos os assuntos atuais, os termos "desenvolvimento sustentável", "sustentabilidade", "energia limpa", "biocombustível", "tecnologia sustentável" e mais uma porção de outros também estão diretamente relacionados à tecnologia.

Atualmente as questões tecnológicas deixaram de ser apenas um assunto a ser discutido e passaram a ser a pauta principal de diversos encontros mundiais, envolvendo toda a sociedade, bem como governos e, claro, empresas.

Por isso, entender o significado do conceito "tecnologia sustentável" é tão importante, já que é a junção e a aplicação de todas as ciências que utilizamos, mas que devem ser trabalhadas de forma responsável para que seja possível permanecer em gerações futuras, não sendo restritas apenas aos anos atuais.

Assim, a tecnologia sustentável se depara com muitos desafios, tendo em vista as necessidades de adaptação das tecnologias tradicionais utilizadas. Tais necessidades exigem um total redirecionamento de nossas formas de agir, pensar e, claro, consumir.

Tendo em vista tantos desafios, a palavra "responsabilidade" se torna de extrema importância no tema "tecnologia sustentável". Afinal, todas suas inovações e ações tomadas terão consequências diretas no futuro, sendo o reflexo do ambiente em que vivemos.

Dar maior eficiência e diminuir os impactos ambientais são dois objetivos primários dessa tecnologia preocupada com a natureza. Ao mesmo tempo, os avanços tecnológicos estão cada vez mais permitindo que indústrias limpas surjam no mercado, modelos de agronegócios sejam revistos, que as emissões de poluentes sejam minimizadas e a utilização dos recursos naturais seja repensada. Isso tudo faz com que empresas que ainda não tenham se adaptado a esse novo modo de pensar acabem "ficando para trás", perdendo espaço no mercado atual e futuro.

# A Inovação para a Sustentabilidade

As empresas precisam se esforçar para atender às necessidades humanas, que são as responsáveis por impulsionar a economia. Assim, surge o desafio de resolver os problemas econômicos.

Essa pressão da população está cada vez mais direcionada à preservação dos recursos naturais, tais como os solos, os minerais, as águas, a fauna, a flora, o vento, o Sol, e tudo o mais que envolve o meio ambiente. E isso faz com que as empresas também precisem se preocupar com a sustentabilidade na hora da produção de seus produtos e no desenvolvimento de novas tecnologias.

Por isso, para serem competitivas, as empresas precisam atender simultaneamente a dois desafios: o da sociedade, que pressiona por mais bens e serviços, e a crescente competição, também relacionada ao meio ambiente.

## ENSINE A UMA CRIANÇA

**Interruptores de luz divertidos:** As crianças precisam entender que é preciso desligar a luz do cômodo vazio. É preciso tempo até que os pequenos façam dessa atitude um hábito, por isso é interessante estimulá-los a se lembrar do interruptor, seja com imagens divertidas ou com algum tipo de lembrete específico que funcione bem com eles.

**Os carregadores e aparelhos:** Quando não estiverem sendo usados, eles devem ficar fora da tomada. Por isso, que tal fazer um "jogo" com as crianças? Sempre que elas deixarem algum aparelho eletrônico ligado na tomada quando não estiverem usando ou os carregadores de tablets e celulares plugados, elas perdem alguma regalia. Mas se tirarem da tomada sempre, depois de uma semana elas podem ganhar um agrado pelo bom comportamento! Assim elas farão disso um hábito e não vão mais se esquecer.

CAPÍTULO 16 **Automação na Tecnologia**

134　PARTE 3 **Uso de Energia**

## NESTE CAPÍTULO

» Trazendo luminosidade, economia e reduzindo a emissão de CO2 na atmosfera com iluminação de LED

» Invadindo os espaços com lâmpadas de LED e suas inovações

# Capítulo 17

# LED

As luminárias de LED chegaram como aliadas na otimização do uso de energia elétrica. Não se trata de tecnologia nova, pois esse tipo de iluminação já era usado em computadores, relógios digitais e na indústria eletrônica. A novidade é sua utilização na construção civil, e o motivo principal está na economia e na eficiência energética que essa inovação representa.

É bem verdade que o tipo de iluminação mais sustentável que existe é a luz natural. Os arquitetos e projetistas antenados com a necessidade de sustentabilidade no setor da construção civil sabem disso e criam projetos que aproveitam ao máximo a luminosidade solar nas edificações. Mas durante a noite as luminárias de LED convertem mais de 80% da energia em luminosidade, representando uma economia de energia em torno de 90%. Isso mesmo, 90%! Isso porque, graças à sua eficiência, uma lâmpada dicroica de 50 watts pode ser substituída por uma lâmpada LED de apenas 5 watts, mantendo a mesma luminosidade.

Então, se você gostou dessas vantagens, certamente vai querer trocar as lâmpadas da sua casa. Ainda mais quando você sabe que passará 15 anos sem se preocupar com manutenção. Dá para imaginar o tamanho das melhorias que essa troca proporcionaria em escolas, fábricas, hospitais, shoppings e grandes edifícios de escritório? Para a iluminação pública seria uma excelente medida, pois faria bem aos cofres públicos, e nós, cidadãos, não mais teríamos nossas ruas escuras por conta de lâmpadas queimadas nos postes. E isso ainda ajudaria na redução de emissão de $CO_2$ na atmosfera.

Além da vantagem econômica, as lâmpadas de LED não aquecem o ambiente, pois sua emissão de calor é bem menor do que a da lâmpada dicroica, uma vez que esta emite cerca de 40% do calor para o ambiente, enquanto aquela é provida de dissipador de calor.

A grande desvantagem das lâmpadas LED é o valor do custo inicial, que é alto. Só para se ter uma ideia, cada lâmpada tubular de LED custa, em média, R$120,00. Em uma casa com 15 pontos de luz, o desembolso para a troca das lâmpadas seria de R$1.800,00. Se a análise for somente econômica, as lâmpadas fluorescentes são mais vantajosas para residências comuns. Mas para edificações com grande número de pontos de luz, as lâmpadas de LED ganham essa briga.

CUIDADO

Só não se esqueça de descartar as lâmpadas fluorescentes antigas em locais especializados, pois elas possuem metais pesados em sua composição, como o mercúrio, e jogá-las no lixo comum representa um enorme perigo para a saúde de todos. Fazendo assim, sua opção se tornará ainda mais sustentável.

Imagine uma lâmpada que dura pelo menos 20 anos, reduz a conta de energia em ate 80%, fornece uma luz mais bonita e não contém mercúrio, substância tóxica que pode prejudicar a saúde. Pois ela já existe no mercado: é a lâmpada conhecida como superled. O problema, você pode imaginar: o precinho salgado. Cada uma pode custar até R$240. Mesmo com tanta economia na conta mensal, trocar todas as lâmpadas de casa pelas superleds ainda é um sonho distante.

# Diversão com Luzes e Cores

## Economizando energia

Que tal mudar as cores de seus ambientes em um piscar de olhos?

Estou falando da iluminação que muda de cor, de preferência as LEDs, que consomem pouquíssima energia.

No mercado brasileiro já existem há algum tempo as fitas de LED; a iluminação para piscinas, chuveiros e banheiras, também em LED ou fibra ótica; e também as lâmpadas RGB (*Red, Green and Blue*, ou seja vermelho, verde e azul), que podem ser usadas em luminárias convencionais em qualquer ambiente e possuem um controle remoto, com o qual podemos escolher qualquer cor para ficar fixa ou alternando.

Todas as cores de luzes podem ser obtidas misturando vermelho, verde e azul nas mais diversas proporções; o branco é a mistura de todas.

Uma novidade que está chegando ao Brasil é o Phillips HUE. Com ele, cada lâmpada tem um IP, e conseguimos controlar, pelo celular ou tablet, a cor de cada uma delas, além de poder incorporar até 50 unidades no sistema, entre lâmpadas e fitas.

A grande graça disso é o efeito camaleão que podemos dar a qualquer ambiente. Que tal um banho relaxante com o banheiro em tons de azul, um jantar romântico com uma tonalidade mais âmbar, uma reunião com amigos com luzes coloridas e divertidas ou um quarto de meninas em tons de rosas e lilás na hora da brincadeira de bonecas?

Podemos soltar a imaginação e nos divertir bastante, assim como podemos deixar uma iluminação completamente convencional quando necessário.

**FIGURA 17-1:** Iluminação de LED.

E já existe uma janela que muda de cor e não requer eletricidade para funcionar, porque ela própria é uma bateria recarregável! A invenção está sendo desenvolvida na Universidade Tecnológica de Nanyang e tem tudo para revolucionar o mercado. A energia capturada e armazenada pela janela pode ser usada para outras finalidades, como alimentar aparelhos eletrônicos de baixa potência ou fontes de luz à base de LEDs.

A janela inteligente muda suas propriedades de transmissão de luz. De dia, assume uma tonalidade azul, o que reduz pela metade a penetração da luz. À noite ela volta a ser um vidro transparente.

Mas essa janela faz mais do que isso: é também uma bateria que se recarrega usando apenas o ar ambiente.

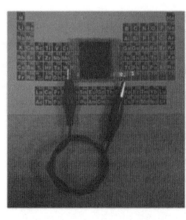

**FIGURA 17-2:** A janela inteligente usa a mudança de cor totalmente reversível e capta sua própria energia do ar ambiente.

CAPÍTULO 17 **LED** 137

**FIGURA 17-3:** Henry Snaith, da Oxford Photvoltaics, segura um pedaço de vidro com células solares.

Outra novidade é que uma *startup* britânica incubada pela prestigiada Universidade de Oxford desenvolve um vidro transparente e colorido capaz de gerar energia elétrica a partir da luz solar.

O vidro pode transformar toda a fachada de um edifício em uma usina solar e a um baixo custo — as novas células solares representariam um incremento de 10% no valor final dos vidros para a construção civil.

Hoje em dia, o principal recurso utilizado para a geração de energia solar nos prédios são os painéis fotovoltaicos, grandes estruturas instaladas no alto dos edifícios.

**NESTE CAPÍTULO**

» Edificações que protegem o planeta das mudanças climáticas

» O que é ecodesign

» Fazendo as melhores escolhas de equipamentos

# Capítulo **18**

# Eletrodomésticos

Os eletrodomésticos passam por transformações constantes devido às inovações ligadas à sustentabilidade. São marcas que já atuam com o chamado ecodesign, conceito com o objetivo de produzir aparelhos, produtos, serviços e sistemas que ajudem a diminuir a utilização de recursos não renováveis e ofereçam alto desempenho e baixo consumo. Dessa forma, há menos gasto de água, energia, e menor geração de lixo. Além disso, o ecodesign trabalha com foco no ciclo de vida dos eletrodomésticos, que são pensados desde o seu desenvolvimento até o seu destino final.

A eficiência energética, por exemplo, se reflete na tecnologia conhecida como "Digital Inverter", presente em diversos aparelhos, como lavadoras, refrigeradores e ar-condicionados.

Mas de nada adianta a tecnologia dissociada da consciência do usuário. Por isso, verifique se os eletrodomésticos estão bem regulados e adote certos cuidados para o menor consumo de energia. Só deixe a geladeira ligada na tomada. Os demais eletrodomésticos não precisam disso. Micro-ondas, liquidificador, fogão, dentre outros, quando deixados em "stand by" também consomem energia desnecessariamente (cerca de 15% da conta de luz). E veja se eles possuem o selo de eficiência energética Procel.

# Lareira

No inverno é comum muitas residências utilizarem a lareira para aquecer a casa — um hábito que infelizmente contribui para o efeito estufa pela emissão de $CO_2$. Uma alternativa que está no mercado é a lareira ecológica. Além de não soltar fumaça, odor ou fuligem, a lareira ecológica é econômica, pois não utiliza lenha nem eletricidade.

Suas chamas são potentes e duráveis, em comparação a uma lareira tradicional, o que proporciona maior aquecimento do ambiente. Existem, basicamente, dois tipos de lareira ecológica: aquelas movidas a álcool ou a gás. O modelo a álcool (etanol) é a opção ideal para quem procura o charme de uma lareira em casa, sendo um modo prático e sofisticado de aquecer o ambiente. Da mesma forma, a lareira movida a gás não gera fuligem e não necessita de tubulação para fumaça. Entre as lareiras a gás, há ainda dois tipos: lareira linear e lenho cerâmico. A linear deve ser usada sobre uma base de alvenaria e utiliza pedras vulcânicas em sua base. Já o modelo de lenho cerâmico nada mais é do que pedaços de lenha artificiais que simulam uma lareira tradicional, mas que não queimam de fato.

Entre as diversas vantagens da lareira ecológica, uma delas é que ela não precisa de tubulação específica, nem de chaminé. Ou seja, já na instalação conta com praticidade, pois não há necessidade de grandes reformas e/ou adaptações no ambiente. Ela pode ser instalada em ambiente interno ou externo, desde que haja circulação de ar para que o oxigênio se renove.

# Geladeira

1. **Jamais deixe o fogão e a geladeira próximos um do outro. Quando isso acontece, a geladeira consome muito mais energia do que o normal. Por isso, ao montar o espaço, lembre-se: geladeira e fogão separados.**

2. **Falando em geladeira, a manutenção do eletrodoméstico é fundamental. Comece verificando sua borracha de vedação. Ela deve estar bem firme, e suas partes devem estar novas. Caso não haja total aderência, é hora de comprar uma nova borracha para o equipamento.**

3. **Procure não abrir e fechar a geladeira o tempo todo. Pegue de uma só vez todos os ingredientes necessários para preparar os alimentos: isso economizará uma boa energia.**

4. **Quanto às garrafas de água, prefira as térmicas, que podem ficar fora da geladeira. Encha-as com cubos de gelo e água. Isso garantirá água gelada por todo o dia, sem que você fique recorrendo à geladeira.**

5. Caso sua geladeira e freezer sejam antigos, descongele-os a cada 15 ou 20 dias. A grande quantidade de gelo faz com que o ar frio circule menos no aparelho, causando maior gasto de energia para compensar. Na verdade, se puder comprar um novo aparelho é melhor, já que eles consomem metade da energia para funcionar e não precisam do degelo.

6. Outro modo de reduzir o consumo é jamais colocar alimentos muito quentes na geladeira. Antes de guardá-los, espere que esfriem um pouco.

# Fogão

1. Na hora de cozinhar, reaproveite a casca e a água de cozimento dos vegetais em diversas receitas ou mesmo na adubação do jardim.

2. Evite gastar muito gás. Deixe os grãos de molho antes de levá-los ao fogo. Adote a panela de pressão para alimentos que demoram para cozinhar, e não se esqueça de tampar as panelas.

3. Prefira cozinhar com fogo baixo, levando em conta que, mesmo com o fogo mais alto, seu alimento não ficará pronto mais depressa. A água não ultrapassa 100°C nas panelas comuns e, portanto, não fará diferença. Tampe as panelas durante o cozimento, a fim de aproveitar o calor do local.

# Forno Micro-ondas

O forno micro-ondas, apesar de muito utilizado e grande aliado daqueles que não têm muito tempo para cozinhar, também é um vilão ambiental dentro da cozinha. Isso porque ele é questionado pelos efeitos de suas ondas radioativas. Estudos afirmam que existem mudanças no teor das vitaminas, bem como alteração de aminoácidos, tornando o alimento tóxico. Outro problema é que, como o aparelho esquenta por fricção molecular, ele libera radicais livres nos alimentos.

Se não tiver jeito e precisar utilizar mesmo o micro-ondas, evite usá-lo para descongelar os alimentos. Planeje as refeições com antecedência e retire-as do congelador para que o descongelamento aconteça naturalmente.

# Selos e Certificados Ecológicos

Não é novidade alguma encontrar produtos que colocam em suas próprias embalagens as descrições "orgânico", "sustentável" ou algo parecido, certo? Mas nem sempre eles possuem os selos de certificação que garantem a veracidade dos créditos de responsabilidade social e ambiental do produto.

Por isso, é essencial que o consumidor fique de olho e não caia nas enganações das chamadas *greenwashing*, empresas que se utilizam do conceito "verde" na publicidade e divulgação de seu produto, mas não aplicam a mesma atitude sustentável na produção. Além disso, vale acompanhar todas as novidades que cercam as certificações que aparecem nos produtos que geralmente consomem.

Na cozinha, por exemplo, ao comprar os eletrodomésticos, procure os selos *Procel*, para os produtos nacionais, ou o *Energy Star*, no caso dos importados. Eles garantem o baixo consumo energético e são órgãos confiáveis.

O selo Procel certifica equipamentos eletrônicos e eletrodomésticos. Ele tem como objetivo certificar os produtos com melhores níveis de eficiência energética, proporcionando redução do consumo de energia elétrica. Para que um produto ganhe o selo Procel, a Eletrobrás, responsável por ele, conta com a parceria de algumas instituições que fazem os devidos testes, como o Instituto Nacional de Metrologia, Normalização e Qualidade Industrial — Inmetro, executor do Programa Brasileiro de Etiquetagem — PBE, cujo principal produto é a Etiqueta Nacional de Conservação de Energia — ENCE.

O selo foi criado pelo Programa Nacional de Conservação de Energia Elétrica — Procel, um programa desenvolvido pela Eletrobrás junto com o Governo Federal. Ele foi instituído em dezembro de 1993 por um decreto presidencial, e entrou em vigor no início de 1994.

Já o selo Energy Star, feito para produtos importados, passou a existir em 1992 e foi criado pela Agência de Proteção Ambiental (Environment Protection Agency), a fim de promover a conservação de energia. Em seu início, a ideia era combater o desperdício vindo dos computadores, mas hoje abrange mais de 50 categorias de produtos.

O projeto surgiu porque seus criadores entenderam que nem todos tinham tempo ou recursos para investigar qual era a energia utilizada e economizada de um determinado produto. Com o selo Energy Star, já está subentendido que o produto consome menos energia que outros da mesma categoria.

Para se ter noção do quanto o selo é importante e realmente ajuda na economia do consumo energético, o Departamento de Energia dos Estados Unidos afirmou, em nota oficial, que em um ano, devido ao Energy Star, os norte-americanos economizaram energia o bastante para abastecer 10 milhões de casas.

# 4

# Permacultura Urbana

## NESTA PARTE...

O melhor dos mundos! Um sistema em que a pessoa, a sua forma de viver e o meio ambiente estão unidos, integrados em um mesmo organismo vivo. Um modelo de trabalho que estimula o desenvolvimento sustentável, ao repensar inicialmente o modelo-padrão de produção de alimentos, que são a base do consumo mundial.

Pode ser um método ou uma filosofia de vida que leva em conta o equilíbrio dos ecossistemas e a dignidade humana. Enfim, abundância para toda a humanidade.

> **NESTE CAPÍTULO**
>
> » **Produzindo alimentos em grande escala sem desequilibrar a natureza e sem o uso de agrotóxicos**
>
> » **Planejando sistemas que conectam novas tecnologias a conhecimentos ancestrais, em uma forma holística de ser**
>
> » **Agricultura permanente definindo a existência harmônica em qualquer ambiente humano**

## Capítulo **19**

# O que É Permacultura

A palavra "permacultura" surgiu da expressão em inglês *permanent agriculture*. Veio da cabeça de Bill Mollison, ex-professor universitário australiano, na década de 1970. Ele morava longe da sociedade de consumo, em um canto remoto do interior da Austrália, mas não tinha paz: vivia inquieto com as notícias de um possível colapso planetário por causa da destruição da flora e da fauna.

Com David Holmgren, Bill teve a ideia de criar sistemas de florestas produtivas para substituir as monoculturas de trigo e soja, responsáveis pelo desmatamento mundial. Observando e imitando as formas de florestas naturais do lugar, revelou-se possível a criação de sistemas altamente produtivos, estáveis e recuperadores dos ecossistemas locais.

Depois de dez anos implantando, com grande sucesso, tais sistemas em todos os continentes, Mollison, Holmgren e seus colaboradores perceberam que não adiantava se concentrar em sistemas naturais sem considerar os outros sistemas vitais para a sobrevivência humana: sistemas monetários, urbanos (arquitetura, reciclagem de lixo e águas), sociais e de crenças.

Foi aí que o conceito se expandiu, e hoje pode-se dizer que a permacultura deriva da expressão "cultura permanente".

É aquela concebida para um estilo de vida de baixo carbono, mais ecologicamente equilibrado, por meio do qual é possível conectar cada um de nós mais profundamente aos padrões da natureza.

> *"Permacultura é um sistema de design para a criação de ambientes humanos sustentáveis e produtivos em equilíbrio e harmonia com a natureza."* Bill Mollison

Nesse jeito verde e ético de viver, a permacultura usa os princípios da natureza como modelo. Ela se baseia na observação dos sistemas naturais para que se possa espelhar a natureza em tudo o que se deseja projetar. Podem ser jardins, fazendas, edifícios, bosques, comunidades, empresas, vilas e cidades férteis, produtivas e autossuficientes.

Na prática, a permacultura se baseia em três pilares éticos: cuidar da terra, cuidar das pessoas e compartilhar os excedentes (quer sejam dinheiro, tempo ou informações).

A permacultura defende a possibilidade de haver abundância para toda a humanidade através do uso intensivo de todos os espaços, por meio do aproveitamento e da geração de energia, da reciclagem de todos os produtos (acabando assim com a poluição) e da cooperação entre os homens para resolver os grandes e perigosos problemas que hoje assolam o planeta.

Essa ética do cuidado com a Terra foi a base do design de permacultura. Como podemos ter uma agricultura orgânica ou horticultura e gerir nossas paisagens para permanecerem ao longo das gerações? Como podemos ser corretos na escolha de nossos alimentos, roupas e produtos?

Permacultura é sobre como fazer a diferença.

Como podemos desenvolver uma permacultura se nossos povos são excluídos? Todos têm que ter acesso a necessidades básicas como alimentação, abrigo, educação, emprego e relações sociais saudáveis. Não pode haver elites, plutocracias ou oligarquias. Todos os membros da comunidade devem ser levados em conta. É uma ética global de suporte inteligente entre todas as pessoas.

É uma compreensão do poder da comunidade. Ecovilas e comunidades de casas compartilhadas, que podem reduzir significativamente nossa pegada ecológica por meio da partilha de recursos, são bons exemplos.

Nós temos somente um planeta e temos que compartilhá-lo com todos os seres vivos e as gerações futuras. Não há sentido em alguns terem tudo, enquanto outros definham sem água potável, ar puro, alimento, abrigo, emprego significativo e contato social.

A permacultura rejeita fundamentalmente o atual modelo de crescimento econômico e aspira a projetar sistemas justos, mais equitativos e que levem em conta os limites dos recursos do planeta e as necessidades de todos os seres vivos.

Para isso, formam-se diariamente diretrizes aplicáveis no mundo todo que podem ser usadas na concepção de sistemas sustentáveis. Esses princípios podem ser inerentes a qualquer projeto de permacultura, em qualquer clima e em qualquer escala, e eles têm sido derivados da observação atenta da natureza por ecologistas, paisagistas e cientistas ambientais.

# Permacultura na Agricultura

A permacultura aprofunda e amplia os conceitos do manejo orgânico, como a proibição do uso de agrotóxicos e aditivos químicos na agricultura. O objetivo é diminuir possíveis danos à saúde dos consumidores. Mas a permacultura vai além das práticas agrícolas, questionando a degradação ambiental e o uso inconsequente dos recursos naturais. Isso significa que plantar é imitar a lógica da floresta, com seus extratos e sucessões, em harmonia com os ciclos naturais, produzindo alimentos de forma eficiente e abundante, regenerando o solo e criando biodiversidade.

A permacultura também aborda temas como a captação e o tratamento de água, a geração de energias alternativas, técnicas de bioconstrução e hábitos saudáveis individuais.

# Onde se Desenvolve a Permacultura no Brasil

Lista com experiências e informações de grupos de pessoas que desenvolvem a permacultura no Brasil.

### Institutos

Ecocentro IPEC — Pirenópolis, GO
IPB — Salvador, BA
IPEMA — Ubatuba, SP
IPERS — Porto Alegre, RS
IPETERRAS — Irecê, BA
IPOEMA — Brasília, DF
OPA — Salvador, BA
IPC — Fortaleza, CE
EcoVIDA S. Miguel — Moeda, MG

### Mídias

Livraria Tapioca
Loja Verde

TV Permacultura
Livraria Via Sapiens

**Comunidades/Sítios/Casas**

Ajubaí (SC)
Arca Verde (RS)
Asa Branca (DF)
Bambu-a-pique (SP)
Casa Colmeia (SC)
Casa da Montanha (SC)
Chácara Boa Vista (PR)
Curupira (SC)
Ecopalha (SC)
Gralha Azul (SP)
Kilombo Tenondé (BA)
Mangará (BA)
Marizá (BA)
Morada da Floresta (SP)
Morada Natural (MG)
Moradia Ecológica (SP)
Raízes (SC)
Sete Eco's (MG)
Sete Lombas (SC)
São Francisco (SP)
Terra Una (MG)
Tibá (RJ)
Vagalume (SC)
Vida de Clara Luz (SP)
Vila Nova do Alagamar (CE)

**Grupos/Redes**

Autonomia (SC)
Coletivo Permacultores (SC)
GEPEC (DF)
Permacultura na Escola (SC)
Rede Permanece (CE)
Rede Permear
UESC-Ilhéus (BA)

**Listas de Conversas**

PermaculturaBR (Yahoo)
PermaculturaMG (Yahoo)
Permacultura-Recife (Yahoo)

# Os Doze Princípios da Permacultura

1. Observe e interaja.

2. Capte e armazene a energia.

3. Obtenha um rendimento.

4. Pratique a autorregulação e aceite retorno.

5. Use e valorize os serviços e recursos renováveis.

6. Produza e não desperdice.

7. Desenhe partindo de padrões para chegar a detalhes.

8. Integre. Não segregue.

9. Use soluções pequenas e lentas.

10. Valorize a diversidade.

11. Enxergue caminhos paralelos.

12. Use ideias criativas para a mudança.

PARTE 4 **Permacultura Urbana**

**NESTE CAPÍTULO**

» Consumismo e degradação voraz dos recursos naturais

» A necessidade de resgatar os sistemas reais como solo, florestas, atmosfera e ciclos de nutrientes

Capítulo **20**

# Reconstrução do Ecossistema Perdido

A necessidade de viver em grupo evoluiu para um sistema que definiu o perfil do homem moderno: o urbanismo. E o fenômeno começou com a Revolução Industrial, no século XVIII, quando houve um grande êxodo rural pela necessidade de absorção de mão de obra nas fábricas e na formação de mercados consumidores. Ao mesmo tempo, as máquinas invadiram o campo, mecanizando a lavoura e expulsando os camponeses de suas terras. As cidades passaram a ser uma grande aglomeração de pessoas vinculadas às relações complexas da industrialização, à circulação de mercadorias e aos fluxos de capitais.

Com isso, a natureza intacta dá lugar a uma paisagem "construída" marcada pelos equipamentos urbanos como prédios, pavimentação, iluminação e obras estruturais.

O fenômeno urbano chegou acompanhado por uma série de problemas: poluição atmosférica, falta de saneamento básico, degradação ambiental e condições precárias de vida para seus habitantes.

De acordo com os relatórios oficiais das Nações Unidas, passou-se a ter mais pessoas vivendo nos centros urbanos do que nas áreas rurais no ano de 2008. Atualmente, a área urbana corresponde a 52,1% da população do planeta. Nos países desenvolvidos, essa média é de 77,7%, contra 46,5% nos países subdesenvolvidos. O Brasil possui 84,4% de sua população, de cerca de 190 milhões de habitantes, vivendo em áreas consideradas urbanas.

A ocupação humana no planeta exige espaço e consumo voraz dos recursos naturais para suprir as necessidades de uma população cada vez maior. Disso resulta um dos maiores desafios da humanidade, que é lidar com a restauração dos ecossistemas perdidos.

PAPO DE ESPECIALISTA

Segundo dados da ONU, as florestas representam apenas 30% do território mundial, mas abrigam 80% da biodiversidade do planeta. Desse total, cerca de 36% são florestas primárias — vegetação com mais de 8 mil anos de idade que ainda não foi modificada pelo homem. Metade das florestas primárias que existiam no planeta já foi destruída. A devastação é mais violenta na Europa Ocidental, que já perdeu 99,7% de sua cobertura florestal original.

Mais de 95% das florestas intactas estão concentradas em 20 países, entre eles o Brasil, que, embora ainda tenha 63% de seu território coberto de verde, derruba mais áreas de floresta por ano que qualquer outro país.

Estudos apresentados pelo Greenpeace na 8ª Conferência das Partes da Convenção sobre Diversidade Biológica (COP 8) revelam que cerca de um quinto das formações florestais da Terra já foi significativamente degradado ou alterado pelo homem. Segundo o relatório, 60% dos países (82 de 148) que originalmente apresentavam formações florestais não têm nenhum remanescente intacto dessas formações. Sem a interferência do homem, cerca de 45% da superfície terrestre hoje seria coberta por algum tipo de formação florestal.

## Os Campeões do Verde

Se considerarmos o critério de área total, a campeã do mato é a Rússia, com 8,5 milhões de quilômetros quadrados de florestas, 22% da área verde de todo o mundo — o equivalente ao território do Brasil. As formações vegetais que predominam por lá são as florestas boreais, típicas de clima temperado e formadas principalmente por árvores adaptadas ao frio, como os pinheiros. No ranking de florestas, nosso país fica em segundo lugar. Se restringirmos a lista às florestas tropicais, somos o primeiro. Devemos isso à Floresta Amazônica, a maior floresta tropical do planeta, com 3 milhões de quilômetros quadrados de área.

# A importância de plantar árvores nativas

Plantar árvores nativas em nossos jardins e florestas é uma forma de reduzir esse passivo ambiental e tentar reconstituir os ecossistemas perdidos, para preservar o ciclo de oxigênio e a estabilidade da atmosfera. Veja a seguir os benefícios desse resgate:

» **Qualidade do ar** — Uma planta jovem produz mais oxigênio do que gás carbônico, enquanto uma árvore velha faz o processo contrário.

» **Alimento ilimitado** — As árvores frutíferas produzem alimento natural todo o ano. Esta pode ser a solução para a fome mundial!

» **Prevenção contra enchentes** — Uma árvore adulta pode absorver do solo até 150 litros de água por dia.

» **Mantém o ciclo natural do ambiente** — A água absorvida contém nutrientes de matéria orgânica, como fezes de animais. Por sua vez, as folhas e frutos das árvores são consumidos pelos animais, que liberam os seus dejetos novamente no solo, para mais tarde serem levados pelas águas da chuva e assim sucessivamente.

» **Servem de abrigo** — As raízes das árvores, quando próximas aos rios, ficam expostas dentro da água, servindo de abrigo para os peixes.

» **Refrescam o ambiente** — Uma árvore adulta transpira até 200 litros de água por dia, o que refresca o equivalente a cinco condicionadores de ar com capacidade de 2.500 kcal cada trabalhando 20 horas por dia.

» **Diferenciam a temperatura** — A temperatura no centro de uma cidade chega a ficar 6°C acima daquela em bairros distantes (ou mais arborizados).

» **Sombra fresca** — A radiação solar fica acumulada na copa das árvores, tornando o chão mais fresco e ameno.

» **Isolamento natural** — As árvores impedem a propagação de sons, formando uma parede acústica ao seu redor.

» **Fauna** — Com o plantio de árvores, os animais terão fontes de alimento e habitat para se reproduzir, prevenindo a extinção de espécies ameaçadas.

» **Harmonia nativa** — Não existe excessiva ou desequilibrada competição entre as árvores, favorecendo o crescimento conjunto das plantas.

» **Resistência a pragas** — Espécies nativas não são exterminadas por doenças, pois já desenvolveram uma defesa própria para cada região.

» **Prevenção da erosão do solo** — A camada formada pelas folhas no solo forma uma proteção da ação direta da chuva na terra, o que causa a erosão, que pode ser prejudicial em diversas formas: *em rios* a erosão leva terra para o fundo do rio, deixando-o mais raso. Com isso, o rio seca nos períodos de pouca chuva, matando os peixes e destruindo os mananciais naturais. E *no solo* a erosão leva as sementes embora, impedindo o nascimento de novas plantas. *Os animais* também são prejudicados, pois a água forte tampa os ninhos de animais que os fazem no chão, matando os filhotes. E *os lençóis freáticos* também não estão imunes, pois, em locais sem vegetação e que não possuem boa absorção de água, não há tempo para que a água da chuva penetre no solo. Isso prejudica os lençóis freáticos, extinguindo rios e lagos.

## Os perigos de plantar árvores exóticas

» **Proliferação descontrolada** — Por não possuírem predadores naturais, essas espécies se multiplicam sem controle, tornando-se uma praga.

» **Relacionamento desarmonioso** — Não possuem boa relação com as árvores nativas, chegando a matar suas concorrentes.

» **Absorção exagerada** — Algumas espécies exóticas absorvem muita água, deixando o terreno seco e impróprio para o plantio.

» **Fácil germinação** — Algumas espécies possuem sementes de fácil germinação, necessitando somente de um ambiente não muito seco. Com isso, elas podem se tornar uma praga predominante.

» **Crescimento rápido** — Essas árvores apresentam crescimento muito rápido e disputam pela sombra de outras plantas de forma desigual.

### NESTE CAPÍTULO

» Quando o consumo e o comércio priorizam o alimento natural

» A atual crise na produção de alimentos

» Soluções para um sistema alimentar bom para todos e para o meio ambiente

# Capítulo 21

# Alimentação

Você já deve ter ouvido o ditado "você é o que come". Essa máxima não é apenas uma questão de saúde do organismo. Um alimento deve ser saudável, saboroso, rico em nutrientes, com certeza! Mas precisa ser ético. Isso mesmo. Sua produção deve levar em conta o ecossistema, a fertilidade do solo, ser econômica e socialmente justa, valorizando quem trabalha nela.

Quando você degusta aquele delicioso prato, saiba que cada um dos alimentos tem uma cadeia produtiva: consumo de água, uso de solo, geração de empregos, biodiversidade, emissão de poluentes, enfim, várias relações que envolvem questões ambientais e sociais. O alimento transforma nossas células, tecidos e neurônios, mas também impacta um planeta inteiro.

# Danos Ambientais da Produção de Alimentos

A produção mundial de alimentos é uma das maiores causas de degradação ambiental. Veja os motivos:

» **Energia.** A produção de alimentos consome, globalmente, quase 30% da energia disponível para usuários finais.

» **Aquecimento global.** A agricultura contribui com mais de 30% das emissões globais de gases de efeito estufa.

» **Pesca.** Por conta da pesca descontrolada, 30% das áreas pesqueiras são consideradas esgotadas.

» **Degradação dos solos.** A agricultura de larga escala é dominada pelas monoculturas e pelos insumos químicos, que, quando mal utilizados, destroem a biodiversidade e provocam o esgotamento do solo. A perda de biodiversidade e a destruição ambiental generalizada já afetam 23% do solo mundial. Sem uma mudança nas práticas agrícolas, mais de 849 milhões de hectares de terrenos naturais serão degradados até 2050, aponta o relatório do PNUMA.

» **Escassez de água.** O uso da água tem crescido a uma taxa duas vezes maior do que o aumento da população ao longo no último século. Hoje, 780 milhões de pessoas ainda vivem sem acesso à água potável. E a pressão aumenta, pois o abastecimento mundial de alimentos depende da irrigação, que é o insumo que mais desperdiça água. A ONU revela que aproximadamente 70% de toda a água disponível no mundo é utilizada para irrigação. No Brasil, esse índice chega a 72%.

» **Desperdício.** A Organização das Nações Unidas para a Alimentação e a Agricultura (FAO) informa que 1,3 bilhão de toneladas de alimentos são perdidas ou desperdiçadas por ano em todo o mundo, o equivalente a um terço do que é produzido. Isso equivale a quase 3 milhões e 600 mil kg/dia, ou 149 mil kg/hora, ou ainda 2,5 kg/minuto.

Quando desperdiçamos um alimento, jogamos fora um pedaço do meio ambiente, seja em forma de energia ou de matéria-prima. Para cada alimento que vai para o lixo, também são desperdiçados terra, água, fertilizante, energia e trabalho usados na produção, fatores que contribuem para aumentar a emissão de gases que aceleram o efeito estufa. Reduzir o desperdício significa diminuir o uso de terra, de fertilizantes, de agrotóxicos e de sementes.

Países desenvolvidos chegam a desperdiçar 56% do total da produção. A situação se agrava nos supermercados e na casa do consumidor, acostumado a comprar mais do que precisa.

156 PARTE 4 **Permacultura Urbana**

> Países pobres ou em desenvolvimento desperdiçam 44% da produção. O problema acontece no início da cadeia produtiva, por falta de tecnologia, dificuldades no armazenamento e no transporte dos alimentos.

No Brasil, por apresentar aspectos tanto de países ricos quanto de países pobres, as perdas estão em todos os estágios da cadeia produtiva, do campo ao prato. Daí o título de país que mais desperdiça alimentos no mundo: entre 35% e 50% do que produz.

São mais de 26,3 milhões de toneladas de alimentos que poderiam estar na mesa dos 54 milhões de brasileiros que vivem abaixo da linha da pobreza. Segundo dados do Serviço Social do Comércio (Sesc), R$12 bilhões em alimentos são jogados fora diariamente, uma quantidade suficiente para garantir café da manhã, almoço e jantar para 39 milhões de pessoas.

Há perdas na produção, transporte (malha rodoviária), armazenamento, mercados, distribuição, venda no varejo e comportamento do consumidor.

Segundo estimativa da Empresa Brasileira de Pesquisa Agropecuária (Embrapa), uma família de classe média joga fora, em média, 182,5 quilos de comida por ano, o suficiente para alimentar uma criança por seis meses.

As causas do desperdício são muitas:

» **Dentro da porteira** — Na produção, seja devido a plantio errado, doenças e manuseio incorreto na colheita. Mais cuidadoso ainda deve ser o momento da colheita, quando ocorre o manuseio. Se o trabalhador corta a banana no lugar errado, aquela fruta ficará na prateleira. Por causa de uma marca, uma mancha, não será vendida.

» **Transporte** — Um dos principais gargalos apontados por analistas é a deficiência de infraestrutura e logística, pois dependemos de uma malha de transportes concentrada em rodovias. A distância de portos e de grandes centros consumidores e a falta de uma malha ferroviária e hidroviária dificulta o escoamento e reduz a competitividade de muitos produtores. Exemplo: 60% do transporte de soja nos Estados Unidos é feito por hidrovias, enquanto no Brasil, apenas 11%.

O prejuízo não se dá apenas com a perda do grão que cai pelas estradas. Há dano financeiro: para percorrer 2 mil quilômetros, o produtor norte-americano gasta US$100 por tonelada de soja. Já o brasileiro, no mesmo percurso, tem que desembolsar US$157. Esses gargalos da falta de infraestrutura e dos custos comprometem aproximadamente 14% da produtividade.

CAPÍTULO 21 **Alimentação** 157

» **Armazenamento** — Grandes vendedores e varejistas enfrentam desafios logísticos, incluindo gestão de estoques: antecipação do pedido e armazenamento correto, correspondendo às expectativas de qualidade do produto, e coordenação entre os setores.

» **Nas fases de distribuição** — Alimento fora do prazo de validade ou tido como malformado ou fora do padrão estabelecido pela legislação do Ministério da Agricultura. É o que a gente chama de feinho, que não tem um apelo de venda comercial elevado, mas ainda tem as proteínas, vitaminas e sais minerais de um produto normal. Um supermercado pode descartar batatas velhas porque os clientes compram somente as que acabaram de chegar, mesmo que as mais antigas estejam boas para o consumo.

» **Em casa** — As causas do desperdício doméstico podem variar de acordo com fatores regionais, incluindo o clima e estado socioeconômico ou cultural. Por exemplo, o costume de preparar generosamente mais alimentos do que o que pode ser consumido e descartar comida que "ficou velha" na geladeira. Também não temos o hábito de aproveitar cascas, folhas e bagaços. A maioria das frutas e legumes se mantém em boas condições por mais tempo quando refrigerada. No entanto, apenas 23% dos consumidores armazenam as frutas, e 53%, os legumes. Muitos deixam os alimentos em contato com a atmosfera, o que pode reduzir o frescor.

# Crise Mundial na Produção de Alimentos

A atual crise na produção e consumo de alimentos é tão preocupante que foi chamada pela ONU de "tsunami silencioso".

» **Insegurança alimentar** — O que se questiona é como vamos alimentar 9 bilhões de bocas até 2050 em um planeta com recursos finitos e distribuídos de forma desigual. E são bocas cada vez mais exigentes, que requerem alimentação sofisticada, não apenas para matar a fome, mas para a satisfação de seus sentidos. Considere também que temos uma população cada vez mais longeva, que busca na comida diferenciada, saudável, uma das principais fontes de qualidade de vida.

Em 2050, os idosos serão 20% da população mundial. No Japão hoje já se vende mais fralda geriátrica do que fralda infantil.

» **Mudanças climáticas** — Situações extremas, como secas prolongadas ou grandes cheias, destroem colheitas e a fertilidade do solo. Secas, enchentes, pragas e doenças nos rebanhos provocam graves quebras de safra, reduzindo a oferta de alimento.

» **Competição entre alimentos e combustíveis** — Uma parte crescente da colheita no mundo não é mais destinada à produção de alimentos. Em vez disso, produtos como o milho e a cana-de-açúcar são usados na produção de biocombustíveis. A cada ano, uma porção cada vez maior de diversas colheitas, como de mandioca, milho, cana, soja e óleo de palma, está sendo desviada para o setor de combustíveis.

» **Alta de preços nos alimentos** — É sentida sobretudo nos países do Hemisfério Sul. Dados da Ação Agrária Alemã mostram que, enquanto uma família germânica separa em média 13% do orçamento doméstico para a compra de alimentos, nos países em desenvolvimento as famílias chegam a gastar mais de 70%.

» **Fome** — Um bilhão de famintos. Uma em cada sete pessoas passa fome. O número mais alto desde o final da Segunda Guerra Mundial. São quase 25 mil pessoas que morrem de fome todos os dias, o equivalente a uma morte a cada três segundos. E a fome é cruel. O estado de uma pessoa faminta piora em etapas. Quando, no final, o sistema imunológico entra em colapso, a morte chega de forma lenta, acompanhada de uma dor insuportável.

» **Desnutrição** — Há cerca de 2 bilhões de pessoas desnutridas (a chamada fome oculta), que sofrem com a falta de nutrientes como vitamina A, zinco e ferro. Apesar de consumirem calorias suficientes para se sentirem satisfeitas, sua dieta é pobre em vitaminas e minerais importantes, o que pode resultar em cegueira ou anemia, por exemplo.

» **Sobrepeso** — Cerca de 1,3 bilhão de pessoas no mundo estão acima do peso; 500 milhões de adultos e 42 milhões de crianças sofrendo de obesidade. Mesmo com sobrepeso, muitas apresentam deficiência de vitaminas e sais minerais.

# O Mito da Escassez de Alimentos

Fala-se muito da necessidade de aumento da produção agrícola mundial. Segundo previsão da FAO feita em 2013, ela terá de crescer 60% até 2050, tanto na produção de alimentos para consumo humano quanto na produção destinada a biocombustíveis, para atender a uma população de 9 bilhões de pessoas com renda maior, o que elevará o consumo de carne e laticínios. Para tanto, os governos de países em desenvolvimento precisariam quintuplicar os investimentos em agricultura, passando de US$7,9 bilhões para US$44 bilhões.

Esse é um dado altamente contestável entre os especialistas, pois o fato é que temos alimento de sobra! Há cinco décadas existe um excedente na produção de alimentos no mundo. Dados do ex-relator especial das Nações Unidas sobre temas da fome, Jean Ziegler, indicam que no mundo são produzidos alimentos que poderiam dar de comer a 12 bilhões de pessoas. Somos atualmente 7,5 bilhões de pessoas no planeta.

O problema da fome não é a falta de alimento, e sim a falta de gestão pública e privada.

# Soluções

Há milhares de campanhas governamentais e institucionais ao redor do mundo com bons resultados para diminuir o desperdício de alimentos e buscar uma distribuição mais igualitária entre os povos. O governo britânico, por exemplo, implementou a campanha "Ame a comida, odeie o desperdício", e conseguiu uma redução de 13% no índice de perdas em três anos. Em 2001, a FAO encampou a Iniciativa Global para a Redução de Perdas e Desperdícios. Em 2014, a Rede FAO para a América Latina e Caribe fez um mapeamento do desperdício e propôs alternativas específicas para a mitigação. Em 2015, A FAO/Brasil criou, em parceria com o Governo Federal, uma rede em torno da cadeia produtiva de alimentos para conter o desperdício. O governo brasileiro se tornou um dos líderes no combate à desnutrição e ao desperdício, com 30 programas, como o "Diga não ao desperdício".

## Iniciativas Acadêmicas — Unesp

A pesquisadora Milena Boniolo usa farofa de casca de banana para despoluir água contaminada com metais pesados e, indiretamente, diminuir a superlotação do lixo orgânico nos aterros, já que só na Grande São Paulo quatro toneladas de casca de banana são jogadas no lixo.

Essa farofa tem eficácia de até 90% na retirada de metais pesados e consegue a absorção de 70% dos pesticidas atrazina e ametrina.

A Fundação SOS Mata Atlântica apontou que, atualmente, todos os cursos d'água do Brasil estão poluídos.

## Iniciativas Públicas — Embrapa

São possíveis ações simples no campo, como manuseio correto dos alimentos para que não estraguem, e técnicas que aumentem seu tempo de vida. Exemplos:

» Dispor berinjelas com o caule na mesma direção, para que uma não machuque a casca da outra, evita que muitas estraguem.

» Agricultores aprendem a fazer uma tenda de R$300 que não permite que hortaliças recém-colhidas estraguem com o Sol e o calor.

» Um cooler de baixo custo: um pote dentro do outro com terra úmida no meio para as frutas durarem cinco dias a mais.

## Agregação de Valor

Uma máquina que aproveita maçã de descarte para produzir um suco natural de qualidade. Isso melhora os preços pagos ao produtor, que passa a ter a opção de vender para a indústria. Também aumenta a diversidade de subprodutos.

O Brasil é o nono produtor mundial de maçãs. Com iniciativas como essa, poderia se aproximar da realidade de países como França, Alemanha, Inglaterra, Estados Unidos e Argentina, que convertem de 30% a 40% de suas maçãs em sucos naturais, sidras, calvados e outras bebidas nobres.

# Iniciativa privada

## Clube dos Produtores

Programa de apoio à agricultura criado pela rede varejista Walmart Brasil: reeducação e treinamento de pessoal, manejo adequado e melhoria no tratamento antes, durante e depois da produção, sobretudo com frutas e hortaliças. Os produtores assumem uma lista de compromissos que tratam de responsabilidade socioambiental, rastreabilidade, atendimento à legislação e aos aspectos sanitários e sustentabilidade comercial. O Clube dos Produtores, em 2015, atendeu a mais de 9 mil famílias e gerou benefícios na agrossociedade, em que os produtores selecionados recebiam um selo para a identificação de seu produto. Até 2014, o programa teve foco em ampliar o Clube geograficamente para 18 estados mais o Distrito Federal. De acordo com a FAO, no Brasil, 70% dos alimentos consumidos são provenientes da agricultura familiar.

## Comida Compartilhada

Plataforma digital sem fins lucrativos fundada em dezembro de 2012 na Alemanha para distribuir produtos ainda em boas condições. Por meio de um registro online e troca de e-mails, cada um cria a cesta de alimentos que quer oferecer. O programa conta, ainda, com o *foodsharing-hotspots*: armários comuns no meio da cidade, em que as pessoas podem pegar e depositar alimentos.

## Food Star

Rede norte-americana via internet e delivery que lucra oferecendo alimentos saudáveis rejeitados pelos mercados ou "fora do padrão" por preços módicos.

# ONGs

## Pastoral da Criança

O programa disponibiliza informações sobre reaproveitamento total de alimentos, alimentação saudável e hortas caseiras. Utiliza sobras de alimentos para fazer sopas de cascas, folhas e talos. Atende a 1,4 milhão de famílias em todo o país.

## Food Not Bombs

Programa com voluntários de Seattle, nos Estados Unidos, que distribuem refeições vegetarianas preparadas com alimentos orgânicos jogados fora por supermercados. Promove feiras livres duas vezes por semana para distribuir o que foi doado ou arrecadado em supermercados locais. A filosofia é: "Por que nosso governo gasta milhões de dólares em uma bomba quando há gente passando fome?"

## Banco de Alimentos

O Programa Banco de Alimentos existe há 18 anos, com 100 projetos no Brasil. Voluntários recolhem sobras em feiras e centrais de abastecimento e promovem a distribuição para 51 instituições e comunidades. A iniciativa alimenta mais de 1,6 milhão de brasileiros. O Banco de Alimentos promove oficinas culinárias, workshops e palestras.

## Desperdício Gourmet/Banco de Alimentos

Programa do Banco de Alimentos para aproveitamento integral dos alimentos com base na onda de gourmetização. Chefs de cozinha criam pratos de alto nível e apresentação impecável a partir de cascas, sementes, talos e folhas.

## Consumidor Consciente/Festival

Iniciativa do Slow Food Brasil para a conscientização do consumo responsável de alimentos. Apresentação de DJs, bandas, artistas de rua, oficinas educativas, debates, documentários e curta-metragens sobre temas como alimentação na escola, desperdício de alimentos e agricultura familiar. Produção de receitas criativas com alimento descartado em feiras livres e supermercados. Financiamento coletivo: colaboração feita pelo site kickante.com.br/discoxepa. Cartilha que orienta a ser um consumidor consciente com base nestas dicas:

» Planejar as compras semanais.

» Preferir produtos da estação.

» Preferir produtos regionais.

» Comprar somente o necessário.

» Relevar a aparência dos alimentos.

» Escolher com os olhos.

» Aproveitar as partes boas de verduras e legumes.

» Aproveitar cascas, sementes e talos.

» Reciclar as sobras de alimentos.

» Prolongar o tempo de vida do alimento por meio da refrigeração e congelamento.

## Legislação

França: lei de maio/2015 — Obriga supermercados a doar para a caridade alimentos não vendidos, ou para uso como ração animal ou compostagem agrícola. O descumprimento prevê dois anos de prisão e multa de 75 mil euros.

Itália — Uma lei obriga o desconto de pelo menos 50% em produtos cujo prazo de validade está próximo.

Brasil — O projeto de lei Bom Samaritano tramita no Congresso há dez anos. Quer isentar de responsabilidade civil ou penal o doador de alimentos, em caso de dano ao beneficiário.

## A carne

Gado, carneiros, cabras, porcos e frangos ocupam cerca de 30% da área não coberta por neve. Hoje, pelos pastos do mundo, existem cerca de 1,5 bilhão de cabeças de gado bovino e bilhões de outros ruminantes. A indústria gera 40% do PIB agrícola mundial, fornece um meio de vida para 1,3 bilhão de pessoas e alimentos para 800 milhões que não os teriam de outra forma.

Mas a indústria de carne e laticínios é a principal responsável pela produção de gases do efeito estufa e, consequentemente, pelo aquecimento global, segundo um novo estudo do Environmental Working Group (EWG). O Guia dos Comedores de Carne, divulgado pela empresa de pesquisa ambiental baseada em Washington, usou uma avaliação do ciclo de vida para determinar a posição de cada alimento no ranking — além da quantidade de fertilizantes utilizada para plantar os alimentos dos animais e dados sobre processamento, transporte e descarte de alimentos.

PAPO DE ESPECIALISTA

Ruminantes, como carneiros e vacas, liberam quantias substanciais de metano, um gás de efeito estufa 25 vezes mais potente que o dióxido de carbono e que é liberado na atmosfera pela fermentação no processo digestivo ou pelos dejetos. Apenas nos Estados Unidos são usados 149 milhões de acres de terra, 80 milhões de toneladas de pesticidas e 9 bilhões de toneladas de fertilizantes de nitrogênio para a produção de carne. Esse gado produz cerca de 500 milhões de toneladas de esterco por ano, o que contribui com a poluição da água e do ar. No Brasil, a pecuária extensiva e o desmatamento associado à ela respondem por metade das emissões nacionais.

De acordo com o Departamento de Agricultura dos Estados Unidos, 20% da carne não consumida no país acaba em aterros.

Além disso, a redução na disponibilidade de água limpa e o desmatamento para a abertura de pastos também estão na conta da pecuária. Nos Estados Unidos, o consumo doméstico de água corresponde a apenas 5% do gasto total do país, enquanto a pecuária consome 55% dos recursos hídricos. Para produzir um hambúrguer de 114 gramas, por exemplo, são necessários quase 2.500 litros de água. Se você faz sua parte e toma banhos curtos para economizar água, saiba que comer apenas um hambúrguer é equivalente a dois meses inteiros de banho. A produção de carne vermelha consome 11 vezes mais água e polui 5 vezes mais do que a de galinha ou porcos. Mas, mais do que cortar a carne vermelha, é preciso adotar uma dieta baseada em plantas. Só assim a comunidade internacional conseguirá, em 15 anos, encontrar meios para alimentar as quase 800 milhões de pessoas que passam fome atualmente no mundo. Um dos objetivos estabelecidos pelas Nações Unidas para o mundo é eliminar a fome até 2030. Para isso, no entanto, é preciso que mudanças profundas sejam feitas na dieta dos habitantes deste planeta. Comer é um ato político. Ao decidir o que compõe seu prato, você também está decidindo alguns dos rumos que o planeta tomará.

Outra questão importante é a saúde. A carne, quando comida com moderação, fornece proteínas saudáveis e outros nutrientes, mas em excesso é muito prejudicial. Um estudo recente do Instituto Nacional de Câncer dos Estados Unidos descobriu que pessoas que comem mais carne vermelha têm 27% mais chances de morrer de doenças do coração do que aquelas que comem menos.

A adoção de uma dieta mais vegetariana poderia cortar as emissões da produção de carne pela metade, melhorando a saúde global e aumentando a segurança alimentar.

## Carne artificial

A produção de carne de laboratório é apontada como solução para acabar com os problemas ambientais da indústria pecuária e também como antídoto contra a fome mundial. Afinal, como já informado, em 2050 seremos 9 bilhões de habitantes em um planeta de recursos finitos. Um estudo recente das universidades de Oxford e Amsterdã mostra que a produção de carne artificial pode reduzir entre 78% e 96% as emissões de gases de efeito estufa associadas à produção convencional. O método de produção de carne *in vitro* usaria até 40% menos energia e 96% menos água. Outra questão ambiental que seria resolvida é a da necessidade de grandes extensões de terra. O cultivo em laboratório exigiria apenas 1% de toda a área ocupada atualmente pela criação de animais ruminantes.

No processo de produção artificial, o animal aparece apenas como um doador de células-tronco. Depois de coletadas, sem risco à vida do bicho, elas são convertidas em célula musculares e cultivadas em um biorreator, com substâncias e vitaminas que estimulam o crescimento do tecido. O resultado final é um bolo de carne moída, e não um pedaço de bife, mas ainda assim é carne — só muda o formato. A carne *in vitro* também pode ter seu teor nutricional controlado, de modo a ser um alimento sem gordura alguma ou com algum tipo de gordura saudável, como o ômega 3, presente em peixes como o atum e o salmão.

A produção em laboratório ainda não dispõe de recursos suficientes, nem de escala comercial.

164　PARTE 4 **Permacultura Urbana**

## Slow Food

Para se contrapor ao alimento processado, cheio de gordura, açúcar e químicos, surge um movimento para uma alimentação mais consciente: o Slow Food, que significa comer devagar e surgiu em 1986 na Itália. Mas não apenas para comer com calma, e sim para retomar a importância do cuidado com a alimentação, estabelecendo elos entre o prato na mesa e o planeta.

A proposta é unir o prazer de comer com a produção e o consumo responsável dos alimentos. O Slow Food já tem adesão de mais de 150 países. O movimento privilegia as relações com os produtores locais, organiza campanhas para a preservação dos alimentos típicos da região, degustações e seminários.

O Slow Food se baseia em três princípios sobre o alimento: bom, limpo e justo. O bom é a qualidade do fruto da terra, a naturalidade. O limpo significa livre de pesticidas e sem danos ao meio ambiente. Justo é o alimento obtido por meio do trabalho digno e do comércio solidário.

# Alimentos Cultivados Localmente

Locávoro é aquele que prefere comprar itens produzidos localmente, próximos à região onde mora. Essa opção por produtos oriundos de fazendas e feiras que não sejam distantes ajuda a reduzir a emissão de gás carbônico durante o transporte e estimula a economia da cidade em que a pessoa reside.

Além disso, ao consumir alimentos da sua região você gera mais empregos para as pessoas da sua cidade e de cidades vizinhas; isso porque as empresas crescerão e necessitarão de mais mão de obra.

Confira dez razões para consumir alimentos produzidos localmente:

1. **Mais sabor** — O alimento transportado de uma localidade distante fica velho, em geral vem em caminhões ou aviões, e pode ter ficado armazenado em depósitos antes de chegar até você.

2. **Mais nutrientes** — Se o tempo de transporte for menor entre a fazenda que produziu o alimento e a chegada até sua mesa, menor será a possibilidade de perda de nutrientes de seu alimento.

3. **Diversidade genética** — No sistema da moderna agricultura, plantas são escolhidas pela sua capacidade de amadurecer em uniformidade, sobreviver à embalagem e resistir muito tempo nas prateleiras, processo esse que limita a diversidade genética da produção agrícola. Pequenos fazendeiros locais, ao contrário, conseguem produzir muitas variedades de produtos e têm uma colheita mais longa, o que propicia uma multiplicidade de cores e sabores.

4. **Segurança** — Pequenos fazendeiros locais não são anônimos e são responsáveis diretamente diante de seu cliente e consumidor.

5. **Sustento de famílias** — Preços que fazendeiros ou produtores conseguem no atacado são, em geral, muito baixos e se aproximam do custo da produção. Pequenos fazendeiros locais que vendem diretamente ao consumidor eliminam o intermediário e recebem pelo preço de um produto no varejo, processo que ajuda a manter famílias residindo na área rural e trabalhando na terra.

6. **Comunidade fortalecida** — Quando você compra alimentos diretamente de um fazendeiro, você está se envolvendo em uma relação de respeito e responsabilidade entre cliente e produtor.

7. **Preservação do espaço agrícola** — Quando fazendeiros são pagos corretamente pelos seus produtos, eles têm menos interesse em vender suas terras. Quando você compra alimento produzido localmente, você está tendo uma ação proativa com o objetivo de preservar a paisagem agrícola de seu município ou estado.

8. **Impostos mais baixos** — De acordo com vários estudos, fazendas contribuem mais para o pagamento de impostos e taxas do que requerem de serviços, ao contrário de outras atividades econômicas, que contribuem menos para impostos e taxas do que os custos que precisam para desenvolver seus diferentes serviços.

9. **Benefícios ao meio ambiente e à vida selvagem** — Fazendas bem administradas conservam o solo fértil e a água limpa para suas comunidades. O espaço em torno dessas fazendas é uma colcha de retalhos de campos, florestas, lagos e construções que permitem o habitat para a vida selvagem.

10. **Investimento para o futuro** — Ao ajudar fazendeiros locais hoje, você ajuda a assegurar que existirão fazendas em sua comunidade no futuro.

# Alimentos orgânicos

**Manejo** — Os produtos orgânicos são aqueles produzidos em um modelo no qual o cultivo dispensa o uso de químicas, sobretudo os pesticidas sintéticos, por isso são considerados mais saudáveis para o meio ambiente e para o consumidor, além de favorecer a equidade na classe dos agricultores. Eles provêm de sistemas agrícolas baseados em processos naturais, que evitam agredir o solo e eliminam o uso de venenos e fertilizantes na colheita. As técnicas usadas para se obter o produto orgânico incluem emprego de composto orgânico para adubação e manejo de culturas — em que uma planta auxilia no desenvolvimento de outra cultura ou prepara o solo para uma safra posterior.

O produto orgânico é completamente diferente do produto da agricultura convencional na maneira como é cultivado. A indústria tradicional emprega doses maciças de inseticidas, fungicidas, herbicidas e adubos químicos. O excesso de adubo acidifica os solos e faz proliferar algas, conhecidas como maré verde, destruindo a vida microbiana. Essas substâncias podem causar, indiretamente, muitas doenças — quem trabalha no campo e aplica os pesticidas tem de 12 a 28% de risco de ter câncer. Além disso, também são responsáveis pela contaminação do solo e dos lençóis freáticos. A agricultura convencional polui as águas superficiais e subterrâneas com nitratos e substâncias fitossanitárias. Oitenta e sete por cento dos rios contêm pelo menos um tipo de pesticida. De modo geral, a agricultura orgânica é um método mais natural e saudável de produzir alimentos e assegurar a integridade do meio ambiente.

**Sabor** — Existem certos critérios, determinados por "degustadores", que afirmam que os alimentos orgânicos são mais saborosos que os alimentos produzidos pelo sistema convencional. Alimentos frescos orgânicos possuem menor teor de água em sua composição quando comparados com os alimentos convencionais (20%). Isso significa que os nutrientes estão mais concentrados, assim como o açúcar, motivo pelo qual o sabor é mais acentuado.

**Nutrientes** — As vitaminas também são encontradas em maiores níveis: tomates orgânicos contêm 23% mais vitamina A do que os convencionais. Os alimentos orgânicos são, evidentemente, menos contaminados por veneno ou agrotóxicos. É muito comum retirar a casca de algumas frutas e legumes para reduzir a contaminação do alimento. Nos orgânicos, essa preocupação não é necessária. Porém, devemos sempre lavar os alimentos para evitar organismos patogênicos que também podem fazer parte da agricultura verde.

**Biodiversidade** — A agricultura tradicional também impacta a biodiversidade, diminuindo o número de espécies de insetos. Nos últimos 20 anos, houve uma perda de 82% da biomassa de insetos na Alemanha, queda pela metade de pássaros entre 1989 e 2013, difusão de doenças e desaparecimento de habitats.

## Como identificar um produto orgânico

Procure o selo do SisOrg (Sistema Brasileiro de Avaliação da Conformidade Orgânica).

**FIGURA 21-1:** Selo do SisOrg.

**Um pouco de história** — Sir. Albert Howard, pesquisador inglês, é considerado o pai da agricultura orgânica. Em 1905, Howard começou a trabalhar na estação experimental de Pusa, na Índia, e observou que os camponeses hindus não utilizavam fertilizantes químicos, mas empregavam diferentes métodos para reciclar os materiais orgânicos. Intrigado, ele decidiu montar um experimento de 30 hectares, sob orientação dos camponeses nativos, e em 1919 declarou que já sabia como cultivar as lavouras sem utilizar insumos químicos. A obra do pesquisador inglês Sir. Albert Howard foi o principal ponto de partida para uma das mais difundidas vertentes alternativas, a agricultura orgânica.

**Onde encontrar** — Em http://www.agrisustentavel.com/feiras.php você confere os endereços das feiras orgânicas em todo o Brasil, guia alimentar para a população brasileira do Ministério da Agricultura e dicas do Idec para melhorar sua alimentação e fazer escolhas mais adequadas e sustentáveis.

## Priorize alimentos in natura ou minimamente processados

Alimentos *in natura* (como frutas, verduras, legumes, ovos e carnes) ou minimamente processados (como leite, farinha, frutas secas, castanhas) são a base ideal para uma alimentação nutricionalmente balanceada, saborosa, culturalmente apropriada e promotora de um sistema alimentar socialmente e ambientalmente sustentável.

**Dica do Idec:** A maior parte da alimentação dos brasileiros ainda é composta desses alimentos, mas infelizmente os estamos consumindo cada vez menos. Por isso, manter e valorizar a cultura e diversidade da alimentação é o segredo para comer de forma mais saudável e sustentável. Procure comprar alimentos produzidos localmente, da agricultura familiar, preferencialmente orgânicos. Descubra novos sabores no livro *Alimentos Regionais Brasileiros*.

## Utilize óleo, sal e açúcar com moderação

Ao preparar ou temperar refeições, utilize pequenas quantidades de óleo, gordura, sal e açúcar. Se o uso for moderado, esses ingredientes culinários contribuem para diversificar e deixar a alimentação mais saborosa sem torná-la nutricionalmente desequilibrada.

**Dica do Idec:** Os brasileiros consomem muito mais açúcar e sódio (presente no sal) do que o recomendável. É importante reduzir e evitar o consumo excessivo desses nutrientes.

## Limite o consumo de alimentos processados

Os ingredientes e métodos usados na fabricação de alimentos processados — como conservas de legumes, compotas de frutas, pães e queijos — alteram de modo desfavorável a composição nutricional dos alimentos dos quais derivam. Por exemplo, um pepino em conserva não é tão saudável quanto o vegetal *in natura*.

Em pequenas quantidades, podem ser consumidos como ingredientes de receitas ou parte de refeições. Mas não abuse!

**Dica do Idec:** Para identificar se um alimento é processado, confira a lista de ingredientes no rótulo do produto. Se a lista mencionar apenas ingredientes *in natura*, sal, açúcar ou óleo, provavelmente será um alimento processado. Se tiver mais ingredientes, então deve ser um alimento ultraprocessado.

## Evite o consumo de alimentos ultraprocessados

Alimentos ultraprocessados (como biscoitos recheados, salgadinhos, refrigerantes e macarrão instantâneo) são nutricionalmente desequilibrados. Por conta de sua formulação e apresentação, tendem a ser consumidos em excesso e a substituir alimentos *in natura* ou minimamente processados. Suas formas de produção, distribuição, comercialização e consumo afetam de modo desfavorável a cultura, a vida social e o meio ambiente.

**Dica do Idec:** Muitas vezes os apelos da embalagem de um produto ultraprocessado são enganosas e podem fazer o consumidor acreditar que está consumindo um alimento saudável. É o caso do "suco" de caixinha. Você sabe quanto tem de fruta?

## Coma com regularidade e atenção

Procure fazer suas refeições em horários semelhantes todos os dias e evite "beliscar" nos intervalos entre as refeições. Coma sempre devagar e desfrute o que está comendo, sem se envolver em outra atividade (evite fazer refeições com a TV ligada, por exemplo). Procure comer em locais limpos, confortáveis e tranquilos, e onde não haja estímulos para o consumo de quantidades ilimitadas de alimento.

Sempre que possível coma acompanhado, com familiares, amigos ou colegas de trabalho ou escola. A companhia nas refeições favorece o comer com regularidade e atenção, combina com ambientes apropriados e amplia o desfrute da alimentação. Compartilhe também as atividades domésticas que antecedem ou sucedem o consumo das refeições.

**Dica do Idec:** Cuidado com os lanches entre as refeições. Muitos alimentos ultraprocessados são desenvolvidos e estimulados para ser consumidos a qualquer hora e em qualquer lugar. Isso parece uma vantagem, mas, na verdade, contribui para o consumo de calorias em excesso, sem você perceber. Se sentir fome entre as refeições, escolha alimentos *in natura* ou minimamente processados, como frutas, iogurte natural, castanhas ou nozes.

## Compre alimentos na feira

Procure fazer compras de alimentos em mercados, feiras livres e feiras de produtores, e outros locais que comercializam variedades de alimentos *in natura* ou minimamente processados. Prefira legumes, verduras e frutas da estação e cultivados localmente. Sempre que possível, adquira alimentos orgânicos e de base agroecológica, de preferência diretamente dos produtores.

**Dica do Idec:** Procure uma feira orgânica próxima de sua casa ou local de trabalho no site Mapa de Feiras Orgânicas do Idec, ou baixe o aplicativo em seu celular. Nesses locais, o preço dos produtos em geral é mais em conta do que no supermercado.

## Cozinhe!

Se você tem habilidades culinárias, procure desenvolvê-las e partilhá-las, principalmente com crianças e jovens, sem distinção de gênero. Se você não sabe cozinhar — e isso vale para homens e mulheres —, procure aprender. Para isso, converse com as pessoas que já sabem, peça receitas a familiares, amigos e colegas, leia livros, consulte a internet, eventualmente faça cursos, e comece a cozinhar!

## Planeje as compras e o preparo das refeições

Planeje as compras de alimentos, organize a despensa doméstica e defina com antecedência o cardápio da semana. Divida com os membros de sua família a responsabilidade por todas as atividades domésticas relacionadas ao preparo de refeições. Faça da preparação de refeições e do ato de comer momentos privilegiados de convivência e prazer. Reavalie como você tem usado seu tempo e identifique quais atividades poderiam ceder espaço à alimentação.

**Dica do Idec:** Planejar sua alimentação é também uma forma de economizar e evitar o desperdício de alimentos, e ainda reduz os impactos no meio ambiente. Quando as tarefas são divididas, ninguém é sobrecarregado.

## Evite fast food

No dia a dia, procure locais que servem refeições feitas na hora e a preço justo. Restaurantes de comida a quilo podem ser boas opções, assim como refeitórios que servem comida caseira em escolas ou no local de trabalho. Evite redes de fast food.

**Dica do Idec:** Evite levar crianças para comer em redes de fast food que oferecem brindes com a refeição. Esse tipo de estratégia de marketing estimula hábitos alimentares não saudáveis e pode provocar obesidade e outras doenças.

## Seja crítico com a publicidade de alimentos

Lembre-se de que a função essencial da publicidade é aumentar a venda de produtos, e não informar ou, menos ainda, educar as pessoas. Avalie com crítica o que você lê, vê e ouve sobre alimentação em propagandas comerciais e estimule outras pessoas, particularmente crianças e jovens, a fazerem o mesmo.

**Dica do Idec:** O Idec luta para garantir o direito do consumidor à proteção contra a publicidade enganosa e abusiva, defende a necessidade de rótulos mais claros e honestos e a regulação da publicidade de alimentos, principalmente para o público infantil.

PARTE 4 **Permacultura Urbana**

**NESTE CAPÍTULO**

» O plantio de hortaliças, condimentos e ervas medicinais vem ganhando os espaços urbanos

» Os benefícios paisagísticos, ambientais, sociais e culturais das hortas urbanas

» As fazendas verticais

# Capítulo **22**

# Horta Urbana

O sistema atual de produção de alimentos causa um grande impacto ambiental. A agricultura urbana se apresenta como alternativa possibilitando também uma série de benefícios: estimula o convívio social, serve de instrumento pedagógico para atividades de educação ambiental, ocupa espaços ociosos na cidade, além de favorecer a melhoria dos hábitos alimentares das pessoas envolvidas, já que os alimentos são produzidos localmente e são orgânicos, sem agrotóxicos que contaminam o solo. As hortas urbanas também são uma forma de aumentar as áreas verdes nas metrópoles e diminuir o impacto da geração de hortaliças, que hoje se baseia em um complexo mecanismo orquestrado de produção, transporte e distribuição. O conceito está crescendo aqui no Brasil e também já pegou em outros locais do mundo, como Havana, em Cuba, ou São Francisco, nos Estados Unidos.

## Benefícios das Hortas Urbanas

1.  Aumento das áreas verdes.

2.  Diminuição das ilhas de calor dentro das cidades.

3.  Purificação do ar com a diminuição de $CO_2$ na atmosfera.

4. Redução de resíduos com a neutralização da matéria orgânica descartada para produção de adubo.

5. Preservação da fauna urbana, como abelhas e pássaros.

6. Maior acesso aos alimentos.

7. Consciência ambiental.

8. Ocupação de espaços.

9. Controle de terrenos baldios.

10. Promove o convívio social.

11. Retém água, diminuindo o risco de alagamentos.

12. Ajuda estar mais conectado com o ritmo natural e prestar mais atenção no clima.

# Hortelões Urbanos

Criado na cidade de São Paulo, o grupo reúne na internet atualmente mais de 4 mil pessoas interessadas em trocar experiências de plantio doméstico de alimentos. A grande maioria já cultiva ervas, frutas e hortaliças no quintal, em jardins verticais, sistemas hidropônicos ou até mesmo em varandas de apartamentos. Além disso, eles pretendem inspirar os vizinhos a se envolverem no plantio voluntário de alimentos em áreas públicas. Qualquer um pode pôr a mão na terra, plantar, colher e levar para casa gratuitamente o que cultivou. Para que essa realidade se espalhe, o Hortelões Urbanos entregou à prefeitura de São Paulo uma carta com a reivindicação de que uma horta comunitária seja implementada em cada bairro, em cada escola, parque e nos postos de saúde.

# Horta no Telhado do Shopping

Uma horta de mil metros quadrados, que se aproveita de 600kg diários de resíduos da praça de alimentação e da poda dos jardins do shopping, preparados para o plantio em uma composteira no subsolo do prédio. Dessa forma, produz-se o substrato natural responsável por adubar alfaces, quiabos, camomilas, tomates, cidreiras, entre outras plantas que, quando colhidas, são distribuídas aos funcionários das lojas. Duas enzimas desenvolvidas por uma empresa de biotecnologia possibilitam a aceleração da compostagem (que em condições naturais pode levar até 180 dias) e a eliminação de odores.

# ONG Cidades sem Fome

A ONG faz a gestão de 27 hortas urbanas (dados de janeiro de 2018) em terrenos públicos ou privados, abandonados ou arrendados. A iniciativa emprega 153 famílias no cultivo de alimentos orgânicos. Os agricultores consomem 3% da produção e vendem 97% dos alimentos em feiras e a restaurantes.

# Inspiração Internacional

## Food is Free

Já pensou em cultivar verduras em um cantinho de rua? O grupo Food is Free Project criou um projeto que incentiva a produção de pequenas hortas urbanas nos Estados Unidos. A ideia nasceu em Austin, Texas, mas já está se espalhando em outras regiões do país. O objetivo é o de que as pessoas se tornem menos dependentes do atual sistema agrícola: plantem alimentos em frente de suas residências, os ofereçam gratuitamente e convidem os vizinhos a fazerem o mesmo, fortalecendo os laços na comunidade.

## Departamento de Agricultura Urbana de Cuba

Com o colapso da União Soviética, Havana teve que enfrentar uma forte crise de abastecimento de alimentos e insumos, como fertilizantes e pesticidas. Na época, década de 1990, os moradores da capital tomaram terraços, pátios e terrenos baldios e começaram a plantar feijões, tomates, bananas e diversos outros tipos de alimentos nos próprios bairros. O governo criou o Departamento de Agricultura Urbana e liberou o cultivo em terrenos sem uso produtivo, treinou agentes públicos para a implementação e manutenção de hortas nos bairros, construiu locais de distribuição de sementes e consolidou pontos de venda direta dos alimentos. Hoje, 80% dos alimentos frescos de Cuba vêm das agricultura urbana.

## Planos de agricultura urbana

Nos Estados Unidos, por exemplo, várias cidades estão criando planos de agricultura urbana, conselhos de política alimentar e mapas de locais potenciais para o plantio. Empresas de paisagismo também têm incluído no seu portfólio os chamados projetos apelidados de *"foodscape"* (algo como "alternativa para a comida"), que inserem o cultivo agrícola em jardins, parques municipais,

CAPÍTULO 22 **Horta Urbana** 175

condomínios e até no telhado de estacionamentos gigantes. Em São Francisco, na Califórnia, a prefeitura mudou os regulamentos de zoneamento, a fim de permitir o cultivo local de alimentos, e criou o sistema de compostagem municipal, transformando resíduos orgânicos em insumo para as hortas públicas.

## Cartilha

DICA

A cartilha *Hortas Urbanas* é uma publicação elaborada para o projeto Moradia Urbana com Tecnologia Social, da Fundação Banco do Brasil, em parceria com o Instituto Pólis. A cartilha visa melhorar a alimentação das pessoas envolvidas na Tecnologia Social Hortas Urbanas, beneficiando o ambiente como um todo e favorecendo a relação da comunidade com o bairro e seu entorno por meio do cultivo ecológico de alimentos e ervas medicinais em hortas, jardins, canteiros suspensos e outras possibilidades a depender da realidade local. O manual é composto por três partes que envolvem a preparação da horta, o cultivo das hortaliças e, finalmente, o modo de preparar dos vegetais a partir de algumas receitas.

A cartilha está disponível na pagina do Instituto Pólis: http://polis.org.br/noticias/polis-lanca-cartilha-hortas-urbanas

## Fazendas Verticais

Fazendas verticais são prédios onde se pode produzir alimentos em camadas verticais no ambiente urbano. Tem sido vista como a tecnologia do futuro, uma solução visionária para garantir a segurança alimentar de forma sustentável em tempos de clima extremo e aumento da demanda por comida. Por meio de instalações automatizadas com menos impacto ambiental, a fazenda nas alturas reduz ou elimina o arado, o plantio e a colheita por máquinas agrícolas. O uso de fazendas verticais permite "descansar" áreas agrícolas e promover a sua recuperação, evita o desmatamento e a desertificação, e causa pouco dano à vida selvagem.

Usam-se controle artificial de luz e controle ambiental (umidade, temperatura, gases etc.). Como a fazenda vertical de plantas proporciona um ambiente controlado, a produtividade seria independente do clima.

Outro diferencial deste tipo de cultura seria a possibilidade de integração de tecnologias renováveis (painéis solares, turbinas eólicas, sistema de captação de água).

Projetada para ser sustentável e permitir que as cidades trabalhem nela, a fazenda vertical resolve o distanciamento entre os centros de produção e o consumo. O custo de energia para transportar alimentos é reduzido, aliviando os efeitos das mudanças climáticas com a diminuição de emissão de carbono.

O conceito foi criado pelo biólogo Dickson Desposmmer, da Universidade de Columbia, em Nova York. Mas em 1979 o físico Cesare Manchetti já havia desenvolvido algo similar.

Exemplos de incríveis fazendas verticais:

# Dragonfly

Projeto assinado pelo renomado arquiteto Vincent Callebaut. Inspirado na asa de uma libélula, o prédio de 132 andares seria capaz de produzir mais de 30 tipos de cultivos — de frutas a vegetais — na cidade de Nova York. Entre as áreas verdes, haveria salas e escritórios comerciais que usufruiriam de todo ambiente climatizado de forma natural. Funcionando como um ecossistema vivo, o prédio atenderia às necessidades de seus ocupantes de maneira autossuficiente. Além dos alimentos, o Dragonfly geraria energia solar e eólica e contaria com sistema de coleta de água da chuva.

# Plantagon, Suécia

Projetado pela empresa sueco-americana Plantagon, o edifício abrigará um centro internacional para pesquisa de novas tecnologias de agricultura urbana. Cada andar poderá abrigar uma cultura diferente de vegetais e hortaliças que chegarão fresquinhos ao comércio local, já que não precisarão percorrer longas distâncias do campo à mesa do consumidor.

# Fazenda vertical de Shenzen, China

Lembrando conjuntos de pedras empilhadas, esta fazenda vertical foi projetada pelo renomado escritório Vincent Callebaut Architectures para a cidade de Shenzen, na China. O Asian Farmscraper Cairn Shenzhen é composto por seis torres de uso misto, que oferecem espaço para residências, escritórios, varejo, recreação e também para a produção de alimentos. Exuberantes jardins e áreas de cultivo não só vão produzir alimentos para os moradores do complexo, mas também ajudarão a melhorar a qualidade do ar. O projeto prevê ainda o uso de fontes integradas de energia renovável, sistemas de reaproveitamento da água da chuva e reciclagem de resíduos.

# Urbanana, Paris

A firma de arquitetura SOA projetou a Urbanana, uma fazenda vertical para o cultivo de banana em Paris, na França. Visualmente, a estrutura lembra a loja nova-iorquina da Apple na Quinta Avenida, mas onde todos os produtos foram substituídos por plantas de bananeira, com enormes janelas de vidro e uma estética minimalista. A fachada favorece a entrada de luz natural na estufa, que conta também com iluminação artificial. De quebra, o gigante cubo protege a plantação de fenômenos climáticos intensos que, vez por outra, atrapalham o abastecimento da fruta na Europa. O espaço de plantio se espalha por seis andares ligados por pontes metálicas. Além disso, ocupam o primeiro piso um laboratório de pesquisa e um auditório para exposições e convenções sobre o setor. Com cultivo local da fruta, a Urbanana ajudaria a reduzir as emissões associadas ao transporte e preservaria o frescor das bananas.

## Pyramid Farm

A fazenda com forma de pirâmide ao lado foi concebida pelos professores da Universidade de Columbia Eric Ellingsen e Dickson Despommier, referências no assunto. O conceito se assenta na ideia de que a agricultura vertical em breve se tornará uma tábua de salvação necessária para cidades em todo o mundo. A Pyramid Farm, como foi chamada, oferece uma solução sob a forma de um ecossistema autossuficiente que cobre tudo, desde a produção de alimentos à gestão de resíduos. Seus criadores estimam que a estufa vertical poderia usar apenas 10% de água e 5% da área usada pelo cultivo convencional.

## "Fazenda de energia", Boston

Esta é a Eco-pod, uma fazenda vertical de algas para produção de bioenergia bem no centro de Boston, nos EUA. Projetada pelas firmas Howeler + Yoon Architecture e o Squared Design Lab, a estrutura é feita de módulos pré-fabricados, ou "eco-pods". O controle da fabricação de biocombustíveis seria feito por braços robóticos capazes de reconfigurar cada módulo para otimizar as condições de cultivo.

## Dyv-Net, China

Construídas a partir de metais leves e com uma altura de 187,5 metros, as fazendas Dyv-Net poderiam produzir culturas durante todo o ano e melhorar a economia dos centros urbanos. Inspirada em técnicas de cultivo de arroz na China, a fazenda é composta por uma série de parcelas agrícolas circulares. Alimentos são cultivados com a ajuda de hidroponia e culturas são alternadas ao longo do ano de acordo com a época.

## Meio prédio, meio fazenda na Califórnia

Esta é uma fazenda vertical e uma torre residencial em um mesmo edifício no centro da cidade de San Diego. A estrutura poderia fornecer até 10% da demanda de alimentos da cidade e melhorar o ambiente por sua ampla área verde.

# Horta elevada, Londres

O estúdio Chetwoods Architects apresentou uma proposta interessante de uma ponte futurista em Londres de onde brota uma imponente fazenda vertical, bem no meio do rio Tâmisa. Torres de energia solar e turbinas eólicas garantirão a energia necessária para a manutenção de uma estufa orgânica. Um cais conectado à ponte permite ainda que as mercadorias sejam entregues em um mercado próximo, com bares, tendas de venda e restaurantes.

# Agricultura no Aeroponic

O projeto Aeroponic propõe a criação de fazendas verticais descentralizadas que sejam capazes de fornecer arroz suficiente para as gerações futuras. A estrutura básica consiste em uma matriz de paralelogramos de bambu que criam terraços de campos cultiváveis e conta com um sistema de irrigação natural. O projeto leva assinatura do designer Jin Ho Kim.

# Agricultura 2.0

Este é um sistema de cultivo urbano que leva a agricultura vertical a novos patamares. De tirar o fôlego, a torre espigada projetada pelo estúdio Appareil incorpora um mecanismo futurista para a produção agrícola no meio urbano. O design foca três coisas: o local onde a torre será erguida, a área da cidade que será utilizada e o clima. Uma piscina fechada no interior atua como uma incubadora, que proporciona um ambiente controlado para as plantas através da coleta de água da chuva, do controle da temperatura, da luz solar e até da concentração de dióxido de carbono.

180    PARTE 4 **Permacultura Urbana**

**NESTE CAPÍTULO**

» **Evitando a formação de metano (gás altamente nocivo)**

» **Reduzindo a quantidade de lixo e o uso de fertilizantes inorgânicos**

» **Promovendo as suas plantações**

Capítulo **23**

# Compostagem

Com o aumento da população mundial e a expansão das cidades, alterou--se a forma de depósito e gestão de resíduos. O lixo passou a ser levado para aterros e lixões.

Hoje, com a maior preocupação de preservar o meio ambiente, retorna o interesse em transformar restos de comida em adubo. A compostagem está aí para incrementar a produção de plantas e reduzir o volume de resíduos nos depósitos tradicionais.

## O que É

*A compostagem* é o processo biológico de valorização da matéria orgânica, seja ela de origem urbana, doméstica, industrial, agrícola ou florestal, e pode ser considerada como um tipo de reciclagem do lixo orgânico. Trata-se de um processo natural em que os micro-organismos, como fungos e bactérias, são responsáveis pela degradação de matéria orgânica.

A técnica de compostar ajuda na redução das sobras de alimentos, tornando-se uma solução fácil para reciclar os resíduos gerados em nossa residência.

O processo acontece em fases distintas de decomposição microbiológica e se completa quando a matéria orgânica é transformada em húmus, livre de toxicidade e metais pesados e patógenos.

O produto gerado a partir desse processo de degradação recebe o nome de composto orgânico, que é um material estável, rico em substâncias húmicas e nutrientes minerais, que pode ser utilizado em hortas, jardins e para fins agrícolas como adubo orgânico, devolvendo à terra os nutrientes de que necessita e evitando o uso de fertilizantes sintéticos.

A compostagem é feita em uma composteira, lugar ou estrutura próprio para o depósito e transformação do lixo orgânico em adubo.

A composteira pode assumir diversos formatos e tamanhos — isso depende do volume de matéria orgânica que é produzida e também do espaço livre disponível para sua alocação, mas todas têm a mesma finalidade. As composteiras podem ser instaladas em casas e apartamentos, e podemos encontrar tipos que contemplam, além da questão do tamanho, também a questão de preço e custo.

# Benefícios

PAPO DE ESPECIALISTA

Segundo dados do Instituto de Pesquisa Econômica Aplicada (Ipea), o material orgânico corresponde a cerca de 52% do volume total de resíduos produzidos no Brasil, e tudo isso vai parar em aterros sanitários. A maior vantagem da compostagem é que, no processo de decomposição, ocorre somente a formação de dióxido de carbono ou gás carbônico ($CO_2$), água ($H_2O$) e biomassa (húmus). Por se tratar de um processo de fermentação que ocorre na presença de oxigênio (aeróbico), permite que não ocorra a formação de gás metano ($CH_4$), gerado nos aterros por ocasião da decomposição desses resíduos, que é altamente nocivo ao meio ambiente e muito mais agressivo, pois é um gás de efeito estufa cerca de 25 vezes mais potente que o gás carbônico.

Quando diminuímos a quantidade de lixo destinado aos aterros, há uma economia nos custos de transporte e de uso do próprio aterro, ocasionando o aumento de sua vida útil. Outra vantagem é a redução do passivo ambiental, que é o conjunto de obrigações que as empresas têm com o meio ambiente e sociedade, ou seja, quando as empresas ou indústrias geram algum tipo de passivo ambiental, também têm que gerar investimentos para compensar os impactos causados à natureza. Assim, com a compostagem, reduzem o lixo produzido, pois ele faz parte do passivo ambiental das empresas e indústrias.

A compostagem promove a valorização de um insumo natural e ambientalmente seguro, adubo orgânico, atuante sobre a reciclagem dos nutrientes do solo e no reaproveitamento agrícola da matéria orgânica, assim evitando o uso de fertilizantes inorgânicos, formados por compostos químicos não naturais, cujos mais comuns levam em sua composição substâncias como nitrogênio, fosfatos, potássio, magnésio ou enxofre.

## BREVE HISTÓRIA DA COMPOSTAGEM

Há muito tempo agricultores já utilizavam o método de reciclagem do lixo doméstico para a obtenção de fertilizante orgânico. No Oriente Médio e principalmente na China a compostagem vem sendo aplicada há alguns séculos. Já no Ocidente, ficou conhecida em 1920 a partir dos primeiros experimentos de Sir Albert Howard. O inglês Howard era considerado pai da agricultura, pois foi autor do primeiro método de compostagem na província indiana de Indore, onde tentou efetuar a compostagem com resíduos de uma só natureza e concluiu que era necessário misturar diversos tipos.

Também na Europa, a técnica era usada durante os séculos XVIII e XIX pelos agricultores que transportavam seus produtos para as cidades em crescimento e, em troca, regressavam às suas terras com os resíduos sólidos urbanos das cidades para utilizá-los como corretivos orgânicos do solo. Assim, os resíduos eram quase completamente reciclados por meio da agricultura.

Com o passar do tempo, a expansão das áreas urbanas, o aumento populacional e do consumo alteraram os métodos de depósito, gestão dos resíduos sólidos e, principalmente, a qualidade destes, que acabaram tornando-se cada vez mais inadequados para o processo de compostagem. Logo, a técnica perdeu popularidade. Entretanto, nos dias de hoje, com a pressão para a utilização de métodos direcionados para a preservação do meio ambiente, há um novo interesse em compostar os restos de comida em casa como uma solução para a redução do volume de resíduos domésticos que são encaminhados para os aterros.

Esse hábito pode fornecer ainda uma opção saudável de adubo orgânico para plantas e hortas.

184    PARTE 4  **Permacultura Urbana**

# 5
# Ambientes Saudáveis

## NESTA PARTE...

Nesta parte você entenderá o conceito de ambientes saudáveis, aqueles que proporcionam qualidade ambiental interna com o objetivo de preservar o bem--estar e a saúde das pessoas.

Para que um espaço seja saudável, é preciso levar em conta desde aspectos técnicos até a investigação do solo e a influência das energias telúricas da Terra.

Esses espaços devem ser livres de gases poluentes, material particulado e produtos químicos tóxicos. Também devemos reduzir a radiação eletromagnética gerada pelos equipamentos eletroeletrônicos.

Quando o ambiente não é saudável, quem vive nele pode sofrer depressão, dores de cabeça e distúrbios de sono.

## NESTE CAPÍTULO

» **Promovendo a troca de ar**

» **Favorecendo a ventilação natural**

» **Evitando a proliferação de micro-
-organismos**

# Capítulo 24

# Ventilação Natural

Nada mais simples do que utilizar o vento, um recurso natural, gratuito, renovável e saudável, para melhorar o conforto térmico dos espaços. A ideia da ventilação natural é retirar o protagonismo dos sistemas de ar condicionado, cujo uso provoca um imenso dano ambiental devido à necessidade de consumo de energia e emissão de gases poluentes. É evidente que há climas extremos em que não há escapatórias se não o uso de sistemas artificiais. Mas em grande parte dos imóveis é possível proporcionar um fluxo de ar agradável através dos ambientes.

Há uma série de sistemas de ventilação: ventilação natural cruzada, ventilação natural induzida, efeito chaminé e resfriamento evaporativo, que combinados à correta utilização de elementos construtivos possibilitam melhoria no conforto térmico e diminuição no consumo de energia. Por isso, deixe o vento entrar e use cortinas para "filtrar" parte da poeira que vem das ruas.

# Tipos de Sistemas de Ventilação Natural

**Ventilação cruzada:** Ocorre quando as portas e janelas se posicionam de forma que exista troca de ar, favorecendo a ventilação natural. As aberturas em um determinado ambiente ou construção são dispostas em paredes opostas ou adjacentes, permitindo a entrada e saída do ar. Nos dias de calor, não adianta você ter apenas uma entrada de vento e não uma saída na parede ou porta do outro lado; você precisa ter uma abertura de cada lado para fazer a ventilação cruzada funcionar bem. Caso esse cuidado não seja tomado, a sua casa pode se transformar em uma verdadeira estufa, necessitando de um ar-condicionado ou de ventiladores ligados quase o tempo todo.

**Ventilação natural induzida:** Diz respeito àquela em que sistemas de indução térmica são utilizados na condução do resfriamento do ar. O ar quente é mais leve que o ar frio, fazendo com que, no ambiente externo ou interno, o ar quente suba e o ar frio desça. Sendo assim, neste sistema de ventilação, aberturas são posicionadas próximas ao solo para que o ar fresco entre no espaço empurrando a massa de ar quente acima, onde são posicionadas saídas de ar no teto — sheds ou lanternins.

**Efeito chaminé:** Trata-se da utilização de fluxos verticais de ventilação em que o ar frio exerce pressão sob o ar quente forçando-o a subir, assim como na ventilação induzida. Durante o levantamento das paredes, é preciso deixar algumas aberturas feitas próximas ao piso e outras próximas ao teto. Por causa da densidade do ar, o ar quente subirá, saindo pelas aberturas superiores, e o ar frio vai entrar no local.

**Resfriamento evaporativo:** Muito difundido na obra de Le Corbusier e Oscar Niemeyer, o resfriamento evaporativo se vale de extensos espelhos d'água ou lagos estrategicamente posicionados na direção das correntes de ar em frente aos edifícios com aberturas. Isso permite que, ao passar pela água, o vento siga com certa porcentagem de umidade, garantindo frescor a climas áridos.

# Tipos de Fatores e Mecanismos Construtivos da Ventilação Natural

**Brises:** São mecanismos de garantia de ventilação natural que, além de controlar a luz e o Sol, podem garantir excelente qualidade térmica interna se dispostos adequadamente. Em geral, são elementos vazados (cobogós, chapas perfuradas, muxarabis, entre outros) que ocasionam ventilação direta.

**Barreiras:** As diferentes alturas das aberturas e barreiras (paredes, peitoril, painéis ou mobiliário) dispostas no espaço também influenciam diretamente no nível e velocidade da ventilação. Outros elementos construtivos como, por exemplo, a troca da alvenaria por elementos vazados podem solucionar o problema.

# Como o Ambiente o Deixa Doente

É possível identificar *fatores nocivos* para a saúde que estão presentes nos locais onde as pessoas permanecem por muitas horas, como o quarto onde dormem. Com essas informações, é importante adequar o ambiente para que a pessoa se sinta melhor nele.

A maioria das toxinas perigosas em ambientes internos são inimigos silenciosos. Veja de onde vêm os poluentes:

» **Móveis e utensílios** — O pior culpado no ambiente é o formaldeído. É classificado como cancerígeno para o homem pela Agência Internacional de Pesquisa sobre o Câncer. É um produto químico inflamável e incolor utilizado em materiais de construção, mobiliário, carpetes e muitos produtos domésticos. Ele é encontrado até mesmo em roupas.

» **Produtos de limpeza** — Produtos de limpeza que contêm alvejantes e desinfetantes podem reagir para criar voláteis compostos clorados.

» **Controle de pragas** — Inseticidas que são pulverizados no ambiente contêm substâncias químicas que afetam o sistema nervoso, o sistema endócrino e podem até ser cancerígenos.

» **Produtos químicos de limpeza a seco** — O plástico de limpeza a seco que envolve a roupa contém PERC, ou percloroetileno. O PERC se divide em vários subprodutos, como o tetracloreto de carbono, uma substância cancerígena. Certifique-se de remover o filme plástico e arejar a roupa ao ar livre por 24 horas antes de usá-la.

» **REM (radiação eletromagnética)** — O roteador do Wi-Fi e o computador podem ser fontes de toxinas perigosas. A eletropoluição tem sido rotulada como a pior toxina no planeta.

» **Rachaduras** — O gás radônio, que é um gás nobre, incolor, inodoro, insípido e radioativo, vem do solo e costuma vazar pelas rachaduras das paredes.

» **Ar-condicionado** — Vilão do ambiente saudável, dentro dele se desenvolvem grandes colônias de fungos, que se multiplicam e causam sérias doenças como pneumonia e tuberculose. A porosidade do filtro não retém vírus, bactérias, pólen, fungos e ácaros, sendo um convite à proliferação destes.

- » **Micro-organismos** — Estão suspensos no ar, como as novas superbactérias resistentes a antibióticos. Exemplo: a bactéria Legionella pneumophila, que causa uma pneumonia difícil de ser curada. Outro: bactérias fecais, que se dispersam no ar ao se dar a descarga com a tampa aberta, contaminando os objetos ao redor.
- » **Ácaros** — Adoram ambientes quentes e úmidos e estão presentes em camas, travesseiros, cobertores, sofás, carpetes e em almofadas.
- » **Particulados pólen** — Sujeira e fumaça do cigarro ficam em suspensão no ar, respondendo por mais de 80% da degradação do ar nos ambientes e aumentando o risco de problemas respiratórios.
- » **Mofo e bolor** — Mofos e fungos se proliferam em ambientes que retêm a umidade. Costumam ocorrer nas paredes e no teto dos banheiros, cozinha e armários, causando rinite, asma e micoses.
- » **Compostos orgânicos voláteis (VOCs)** — São as tintas, colas e vernizes dos equipamentos eletrônicos, resinas usadas nas mais diversas aplicações dentro dos ambientes que contêm substâncias químicas nocivas à saúde, causando dor de cabeça, tontura e fraqueza.
- » **Compostos tóxicos** — Substâncias altamente tóxicas presentes em cosméticos, como desodorantes, perfumes, filtros solares e cremes faciais e corporais, e que podem causar sérios danos à saúde, inclusive câncer.
- » **Monóxido de carbono** — Gás altamente tóxico proveniente dos processos de combustão de fogões e aquecedores de água. As concentrações perigosas podem causar respiração irregular, dores de cabeça, náuseas, enjoos, tonturas, vômitos, no pior dos casos levando à morte.
- » **Água dos bebedouros** — Os bebedouros contêm cloro e flúor na composição da água, que ao longo do tempo podem causar sérias doenças. A Europa e os Estados Unidos aboliram há muito tempo esses componentes da rede de abastecimento da água e usam somente a tecnologia UV-C para a destruição de vírus e bactérias na água. Os garrafões de água contêm a dioxina e o BPA — Bisphenol A, que é cancerígeno.

LEMBRE-SE

Finalmente, não podemos viver em uma bolha e evitar toda a exposição tóxica. No entanto, se você der pequenos passos para manter limpo seu ambiente pessoal e lentamente reduzir sua exposição a substâncias tóxicas, seu ambiente se tornará um porto seguro — não só em sua casa, mas também no seu trabalho, lazer, cinemas, shoppings, teatros, escolas, bibliotecas, igrejas, templos etc.

> **NESTE CAPÍTULO**
>
> » **A origem dos poluentes**
>
> » **Purificando o ar**
>
> » **Entendendo a poluição visual e sonora**
>
> » **Limites seguros para sua concentração e sua audição**

Capítulo **25**

# Poluição

N ão tem jeito! Nem vivendo no meio do mato você vai escapar da poluição, porque o vento espalha o grande volume de poluentes emitidos nas cidades. E se engana quem pensa que estamos a salvo quando fechamos a porta. A poluição dentro de casa pode ser até dez vezes maior que na rua. Mais de 40% da população mundial ainda não têm acesso a combustíveis limpos e tecnologias domésticas adequadas. Essa lacuna é a principal fonte de poluição no interior de residências.

Nove em cada dez pessoas no mundo respiram ar contendo níveis elevados de poluentes, de acordo com a OMS. E isso provoca a morte de pelo menos 7 milhões de pessoas todos os anos. Mais de 90% das mortes relacionadas à poluição do ar ocorrem em países de baixa e média renda, principalmente na Ásia e na África.

A poluição do ar é responsável por quase 24% das mortes por doenças cardíacas, 25% dos óbitos por acidentes vasculares cerebrais (AVCs), 43% por doença pulmonar e 29% por câncer de pulmão, e tem reduzido a expectativa média de vida de 2 a 24 meses, dependendo dos níveis de concentração de poluentes.

Sobre a poluição sonora, não há dados mais precisos. Mas já há estudos que comprovam muitos danos à saúde e certos transtornos pela presença de ruídos contínuos. No ecossistema, a poluição sonora provoca o afastamento de animais, prejudica a reprodução e pode até ser fatal. Os ruídos afastam e podem matar aves, diminuindo sua população local e, como consequência, desequilibrando o ecossistema, provocando o aumento da população de insetos na ausência de seus predadores.

A poluição visual já é um caso mais específico de cada país, mas afeta invariavelmente os grandes centros como causa de desconforto e fator de distração das pessoas.

# Poluição do Ar

## Monitoramento

Mais de 4,3 mil cidades em 108 países agora estão incluídas no banco de dados de qualidade do ar da OMS, o maior do tipo em todo o mundo. Desde 2016, outras mil cidades foram adicionadas à plataforma. A base de informações coleta as concentrações médias anuais de material particulado fino — o PM10 e o PM2.5.

PAPO DE ESPECIALISTA

O PM2.5 inclui poluentes como sulfato, nitratos e carbono negro, que têm os maiores riscos para a saúde humana. As recomendações da ONU são para que os países reduzam sua poluição do ar a valores médios anuais de 20 microgramas de PM10 por metro cúbico e 10 microgramas de PM2.5 por metro cúbico.

O monitoramento do volume de poluentes dispersos no ar ainda é um desafio. Apenas 8 dos 47 países do continente africano estão incluídos no banco de dados da OMS. Em outubro de 2018, a OMS convoca a primeira Conferência Global sobre Poluição do Ar e Saúde, entre os dias 30 de outubro e 1º de novembro na sua sede em Genebra.

As principais fontes de material particulado que poluem a atmosfera são o uso ineficiente de energia por famílias, indústria, setores da agricultura e transporte e usinas termelétricas a carvão. Em algumas partes do mundo, a areia e a poeira do deserto, a queima de lixo e o desmatamento também são atividades com importante papel na contaminação do ar.

## O mito da poluição

"Se correr o bicho pega, se ficar o bicho come." Esse dito bem que se aplica aos moradores das grandes cidades quando o assunto é poluição do ar. Explico: se você se sente aliviado quando chega em casa e não precisa enfrentar a poluição dos carros, ônibus e motos, saiba que a poluição doméstica pode ser de duas a cinco vezes maior do que a da rua, mesmo em grandes metrópoles como São Paulo, onde o nível de poluentes ultrapassa o recomendado pela Organização Mundial da Saúde (OMS).

Primeiro porque o material particulado (pós, poeira, fumaça e aerossóis emitidos para a atmosfera por indústrias, veículos e construção civil) concentra-se com mais facilidade dentro de casa em uma quantidade até dez vezes maior do que na rua.

Segundo porque os próprios ambientes internos produzem poluentes químicos que são emitidos por *materiais plásticos, computadores, detergentes ou inseticidas* utilizados ao longo do dia. Eles também podem vir de *desinfetantes, perfumes, cosméticos* e até mesmo de *fogões, panelas* e *frigideiras.*

E o pior é que é maioria das pessoas passa 80% de seu tempo em locais fechados, em ambientes pouco ventilados, que apresentam alta concentração de poluentes invisíveis e geralmente desconhecidos.

Um estudo realizado na França pelo Observatório da Qualidade do Ar Interior (OQAI) revelou que o ar de nossas casas contém até 30 tipos diferentes de poluentes químicos.

## De onde vêm os poluentes

Quando o fogão não está bem regulado, por exemplo, o índice de dióxido de nitrogênio e monóxido de carbono liberados com o gás de cozinha é semelhante ao nível dessas substâncias emitido pelo carro.

Até mesmo durante o *banho* estamos expostos à poluição. O cloro usado para tratar a água se transforma em clorofórmio quando aquecido pelo chuveiro. Essa substância é extremamente volátil e, ao ser aspirada em pequenas concentrações diariamente, causa problemas respiratórios.

Produtos químicos de limpeza como desinfetantes, desodorizantes, limpa móveis, removedores, querosene, ceras e aerossóis também liberam compostos orgânicos voláteis (VOCs), que podem ser tóxicos em ambientes fechados. Eles podem alterar o funcionamento dos sistemas hormonal e nervoso, provocando *perturbações endócrinas.*

Também podem causar *malformações em bebês*, no caso de exposição das gestantes, bem como problemas de *esterilidade* e até alguns tipos de *câncer.*

As crianças pequenas, que colocam as mãos na boca frequentemente, correm os maiores riscos, pois ingerem uma quantidade considerável dessas substâncias. A contaminação também ocorre por inalação e contato com a pele.

A *fumaça* que vem da lareira, fornos e fogões com queimadores defeituosos pode desencadear doenças alérgicas, assim como os fungos, os ácaros e a poeira que se concentram nos carpetes, cortinas e estofados.

O *cigarro* é outra grande fonte de poluição doméstica. A queima das substâncias presentes no produto libera monóxido de carbono, partículas suspensas e outros 400 agentes voláteis, inclusive o benzeno, altamente cancerígeno. Por isso, evitar o fumo dentro de casa é fundamental para diminuir os poluentes de ambientes fechados.

# Purificando

O ar pode ser melhorado através de filtragem, ventilação e controle de umidade. Ações bastante simples permitem a redução da poluição dentro de casa.

» Renove regularmente o ar da casa, abrindo janelas e até portas. Faça isso de manhã cedo e à noite, quando o ar exterior é menos poluído.

» Combata a umidade nos cômodos instalando um sistema de ventilação eficaz por toda a casa.

» Na hora de fazer a faxina, limite o número de produtos utilizados e os desinfetantes muito fortes. Prefira o uso de um pano úmido às vassouras, já que elas levantam a poeira do chão, provocando inalações.

» Evite o uso de inseticidas, perfumadores e ceras para o chão.

» Evite fumar dentro de casa. Qualidade ambiental interna é um termo mais amplo que engloba muitos aspectos da saúde em ambientes além do próprio ar. Exemplos incluem a melhora da segurança através de monitores de monóxido de carbono, conforto na iluminação por meio da iluminação natural e redução da radiação eletromagnética gerada pelos equipamentos eletroeletrônicos e principalmente pelo Wi-Fi.

# Plantas purificadoras de ar

Decorar a casa com flores ou plantas naturais é uma forma delicada e educada de receber as pessoas. O verde ajuda a dar leveza ao ambiente e também é uma forma bem simples de amenizar os problemas de poluição dentro de casa, reduzindo problemas como irritação dos olhos, doenças respiratórias, dores de cabeça e asma. Qualquer planta que você tenha já faz com que certas toxinas deixem de estar presentes no ar. VOCs (compostos orgânicos voláteis), POPs (poluentes orgânicos persistentes), formaldeído, xileno e benzeno são combatidos, dependendo da especificidade da planta e do local onde ela é colocada.

Veja as plantas que purificam o ar dentro de casa:

» Palmeira-areca, espada-de-são-jorge e dama-do-lago, também conhecida como jiboia, transformam o dióxido de carbono, um poderoso poluente, em oxigênio e também retiram do ar as substâncias químicas de produtos como detergentes.

» Lírio-da-paz, azaleia, dracena, crisântemo, gerbera, babosa e ficus são conhecidas por reduzir as toxinas como formaldeído e benzeno, presentes em produtos de limpeza usados em casa. Bom colocá-las também na lavanderia.

» A samambaia-boston e a palmeira-areca-bambu aumentam a umidade do ar.

> » A clorofito é muito boa contra o monóxido de carbono, poluente que sai dos veículos.
>
> » Seringueira elimina substâncias nocivas à saúde e ainda pode absorver dióxido e monóxido de carbono. Como a seringueira é uma árvore, é recomendável plantá-la diretamente na terra, para quando ela crescer.

## Quadro feng shui

Espelho, espelho meu.

O uso de espelho no hall de entrada amplia visualmente o espaço, normalmente pequeno. E de acordo com especialistas em feng shui, uma técnica milenar chinesa que promete harmonizar os ambientes trazendo alegria e bem-estar para todos que ali convivem, o espelho é um elemento refletor, ou seja, reflete para fora as energias indesejadas.

Os passos limpos

O hall também é a porta de acesso para a maior parte da sujeira da rua. Nas solas dos sapatos, trazemos inúmeras bactérias para os pisos internos.

Por isso temos que utilizar o tradicional capacho do lado externo da porta, para servir de barreira de contenção de pó. A poeira consiste na mistura de matérias vivas e mortas dispersas pela casa. Seus principais componentes são ácaros, fungos, fezes de insetos, restos de comida e de pele humana. Um grama de poeira pode conter até 20 mil ácaros. Existem no mercado capachos feitos de material natural ou reciclável, como a fibra natural do coco e sisal. Comprando um deles, você ajuda a movimentar esse mercado, que reduz a quantidade de lixo nos aterros, sem deixar de limpar as solas dos sapatos com igual eficiência.

DICA

Uma boa medida é instalar um armário no hall para fazer as vezes de sapateira. Esse detalhe, muito comum em casas japonesas, reduz a frequência de limpeza do imóvel e evita a transmissão de doenças.

# Poluição Visual

## Na cidade

Poluição visual é o excesso de elementos visuais em grandes cidades, o que promove certo desconforto visual e espacial. Ela pode ser causada por anúncios, propagandas, placas, postes, fios elétricos, lixo, torres de telefone etc.

O maior dano desse tipo de poluição é o desvio da atenção das pessoas. Anúncios publicitários situados perto de malhas viárias podem distrair os motoristas enquanto dirigem, causando acidentes.

Problemas como estresse também estão relacionados a esse tipo de poluição.

O excesso de anúncios publicitários incentiva o consumo, que pode gerar problemas como obesidade, tabagismo, alcoolismo e o aumento de geração de resíduos.

Para o comerciante, também existem danos. A utilização excessiva de placas e outdoors faz com que as pessoas sejam submetidas a uma enorme descarga de informações, e isso pode causar indiferença, um efeito inverso ao pretendido inicialmente.

No Brasil, o impacto da poluição visual é maior em época de eleição. O passivo ambiental gerado pela distribuição dos panfletos com o número dos candidatos (o famoso "santinho") é imenso. Para cada tonelada de papel produzido, são consumidas aproximadamente 20 árvores e 100 mil litros de água. Nas eleições municipais de 2012, foi necessária a derrubada de aproximadamente 600 mil árvores e o consumo de três bilhões de litros de água no país para a produção desse material. Outro problema relacionado a esses panfletos é seu destino, gerando uma grande quantidade de lixo, entupindo bueiros e podendo causar enchentes.

# Em casa

Mas a poluição visual não é apenas um problema do lado de fora. Dentro de casa, muitos móveis e objetos, como porta-retratos, quadros, vasos e outros itens de decoração, acabam causando poluição visual e até mesmo maior nível de estresse pelo excesso de estímulos visuais. Confira algumas dicas para "limpar" seu ambiente.

## Em vez de comprar, reduza

Um bom começo para "despoluir" visualmente sua casa é a eliminação de muitos objetos utilizados em cada ambiente. É importante deixar sua sala ou quarto mais arejado visualmente, com menos itens na decoração, evitando a poluição visual e um ambiente carregado. Comece priorizando os móveis funcionais e aqueles que se prestam a várias funções, como um sofá que vira cama, mesas de centro que viram pufes e aparadores que são armários ao mesmo tempo. Escolha objetos de design que sirvam para enfeitar, mas que também sejam úteis.

## Móveis ambulantes

Apenas a reorganização dos móveis em posições diferentes em cada ambiente já é capaz de valorizar os espaços, melhorando a circulação dos moradores pelos ambientes internos e até mesmo aumentando a integração dos ambientes dentro de casa. Fique atento à proporcionalidade entre o tamanho dos móveis e o espaço disponível. Um ambiente "entulhado" se torna visualmente feio e desconfortável.

## Reforma

Outra opção é você realizar uma reforma de seus móveis atuais. Pequenas mudanças no acabamento podem ser feitas até por você mesmo em um sistema de *homemade*, com decupagens, pátina, laqueamento, pinturas e até mesmo scrappy. Tudo com baixo custo e muita criatividade.

## Verde

Verde é vida! Use e abuse de vasos de plantas e arranjos florais em seus ambientes. As plantas e flores conferem vivacidade e frescor, o que repercute positivamente no aumento da qualidade de vida de toda a família. Uma ótima opção que pode ser aplicada em todos os ambientes: quartos, salas, cozinha, lavabo e banheiros.

# Poluição Sonora

A poluição sonora é um dos maiores problemas ambientais nas cidades. Quando o som é emitido em grande volume, ou seja, em elevada intensidade ou de forma contínua, eleva a pressão sonora, altera a condição normal de audição, e pode comprometer a qualidade de vida e provocar vários danos ao organismo. Importante destacar a suscetibilidade individual, em que cada pessoa possui uma sensibilidade a sons intensos.

Para a OMS, um ruído de 50 decibéis já prejudica a comunicação. A partir de 55 decibéis, pode causar dor de cabeça, cansaço, estresse, depressão, insônia, agressividade, perda de atenção, perda de memória, zumbido etc. Acima de 75 decibéis, o ruído apresenta risco de perda auditiva se o indivíduo for exposto a ele por períodos de até 8 horas diárias.

Na natureza, os ruídos afastam aves, diminuindo sua população local e, como consequência, desequilibrando o ecossistema e provocando o aumento da população de insetos, na ausência de seus predadores.

- » Torneira gotejando (20dB)
- » Geladeira (30dB)
- » Voz humana normal (60dB)
- » Escritório (60dB)

- Trânsito (80dB)
- Obras com britadeiras (120dB)
- Liquidificador (85dB)
- Feira livre (90dB)
- Secador de cabelos (95dB)
- Latidos (95dB)
- Discotecas (130dB)
- Aparelhos de som portáteis no volume máximo (até 115dB)

O ouvido é o único sentido que jamais descansa, sequer durante o sono. Quinze minutos ouvindo música a mais de 110 decibéis bastam para causar um trauma acústico. E as células da audição não se regeneram, ou seja, o dano aos ouvidos é irreversível.

## Dentro de casa

Em uma casa ou apartamento, os ruídos são ocasionados por conversas que ocorrem em outros ambientes (como o apartamento vizinho, por exemplo) e por situações como a queda de objetos, o uso de salto alto ou a quebra de alguma coisa. Há também os ruídos considerados mecânicos, aqueles gerados por eletrodomésticos como a geladeira, a televisão e o computador, além do uso de elevadores e dos sistemas de água e esgoto.

Para evitar os transtornos causados por ruídos inoportunos é preciso promover o tratamento e o isolamento acústico da residência já em sua fase de construção. Enquanto as medidas de tratamento acústico são responsáveis por não permitir a reverberação do ruído em um ambiente determinado, mantendo o efeito de "eco" afastado, o isolamento acústico de um ambiente ou mesmo de uma residência inteira impede que o som se propague entre os ambientes, garantindo mais silêncio e privacidade nos ambientes internos.

Para acabar de vez com os ruídos externos, o ideal é investir em portas e janelas antirruído. Estas podem ser aplicadas sem que as portas e janelas originais precisem necessariamente ser retiradas. Os quadros de alumínio das janelas podem ser "recheados" com espuma de isolamento acústico, enquanto os vidros passam a ter camadas duplas, triplas ou mesmo quádruplas, de acordo com a gravidade do problema.

Se você adquiriu o imóvel já pronto e não teve a oportunidade de fazer o tratamento e isolamento acústico, algumas mudanças na decoração interna podem ajudar a resolver o problema, principalmente se ele for de eco excessivo. Nesses casos é indicado o uso de elementos de absorção de som, como tapetes e poltronas, por exemplo. A disposição de móveis e objetos no interior dos ambientes tem uma influência muito forte na propagação de sons e ruídos.

A clássica solução das caixas de ovos cria um bom ambiente para ouvir música, assim como o carpete e os forros de materiais fibrosos.

Analise quanto cada material reflete, reverbera ou absorve o som. Materiais como a pedra refletem; materiais como tecidos, espumas e plantas conseguem absorver os sons.

200　　PARTE 5 **Ambientes Saudáveis**

**NESTE CAPÍTULO**

» **Conhecendo os benefícios de um banho de Sol**

» **Aproveitando a luz natural dentro de casa**

» **Otimizando o uso da iluminação artificial**

# Capítulo **26**

# Iluminado

D eixe a luz do Sol entrar!

Em uma casa sustentável, o aproveitamento da iluminação natural deve ser um objetivo. Por meio de técnicas bioclimáticas que já eram usadas há 30 mil anos por egípcios, gregos, maias e índios, dá para dispensar o uso de lâmpadas durante o dia.

O projeto deve contar com boa eficiência energética, levando em conta a iluminação, o conforto térmico e a ventilação interna.

A iluminação natural é uma grande aliada para poupar recursos naturais e economizar na conta de energia.

## Dicas Iluminadas

**1.** **Apare arbustos e árvores que bloqueiam o Sol** — Para começar a iluminar melhor a sua casa, certifique-se de que a luz natural esteja conseguindo acessar o ambiente interno. Se você tem arbustos e árvores próximos da janela, verifique se eles não estão bloqueando os raios solares completamente.

2. **Limpe suas janelas** — Janelas sujas e empoeiradas não são a melhor forma de convidar o Sol para entrar em casa. Limpe janelas e vidraças regularmente para garantir um ambiente agradável e bem iluminado.

3. **Adicione espelhos** — Sim, espelhos são uma ótima alternativa para aprimorar a iluminação. Se colocados de forma inteligente e estratégica, como em frente a uma janela, eles irão refletir mais luz e ainda proporcionar uma sensação de mais espaço.

4. **Use cores com sabedoria** — Cores sombrias e escuras absorvem mais luz solar, por isso, evite utilizá-las nos cômodos em que você deseja mais claridade. Nestes casos, as cores mais neutras e brilhantes são as melhores. O branco, por exemplo, reflete mais a luz do Sol.

5. **Posicione os móveis corretamente** — Se você busca um ambiente mais iluminado, arrume o mobiliário da forma correta para o seu cômodo. Evite bloquear janelas e passagens de luz com móveis muito grandes e pesados. Opte por uma mobília vibrante e pense na melhor posição para cada item.

6. **Posição de janelas** — Em fase de construção, analise a trajetória do Sol no local e faça um planejamento para inserir uma luz difusa, que ilumine e não sobreaqueça o ambiente interior, pensando também na variação dos usos dos ambientes no dia.

7. **Tipos de janelas** — De acordo com o posicionamento em relação ao Sol e ventos, escolha o tipo de janela mais adequado — de subir, de correr, venezianas, com abertura completa. Cada uma vai refletir o Sol e captar o vento de uma forma. As com abas laterais, por exemplo, possibilitam a captação de raios solares que não chegariam ao ambiente, sendo assim uma estratégia para otimização na iluminação natural.

# Vidros Bloqueadores

As janelas e os vidros são essenciais para que a luz do dia entre naturalmente na sua casa. Porém, caso o vidro seja o comum, sua casa pode se transformar em uma verdadeira estufa, levando em conta que o vidro capta muito calor. A instalação de vidros especiais garantirá a entrada de luz natural sem que o calor deixe o local aquecido demais.

Por isso, procure vidros que bloqueiem os raios UVA e UVB e deixem entrar apenas a luminosidade.

Já existem painéis de vidro triplo de alta qualidade, altamente reflexivo para garantir a privacidade, totalmente reciclável, livre de emissões e autossuficiente em necessidades de energia.

# Lajes Solares

Outra forma de deixar o caminho da luz natural livre é adotar as lajes solares, um conceito simples, barato, prático e esteticamente belo, que aumenta a luminosidade do ambiente através da colocação de blocos de vidro na laje do cômodo. Por ter muitas vantagens, a tecnologia vem se popularizando através da venda do serviço por diversos especialistas no mercado.

Quando bem aplicados, esses blocos de vidro unem beleza e funcionalidade.

# Claraboia

No caso das casas, as claraboias podem ser grandes aliadas para a redução do consumo de energia. Se o banheiro não tem janela, uma boa opção é instalar uma claraboia com aberturas.

Por conterem transparência, elas aproveitam a luz natural, trazendo a claridade necessária.

## Iluminação artificial

Se sua casa não comporta o uso da iluminação natural, tente otimizar o uso da iluminação artificial. Se tomar algumas medidas simples, a sua conta de luz pode ter uma redução de até 80%.

1. **Apague** — Nunca se esqueça de apagar a lâmpada do cômodo vazio dentro de casa ou de desligar a luz que deixou acesa do lado de fora durante a madrugada. Na maioria das vezes nós nos esquecemos mesmo, e não percebemos o desperdício de energia e a conta alta no fim do mês.

2. **Sensores de energia** — O jeito para ter luz na hora certa é instalar sensores de energia. O sensor de energia detecta a presença da pessoa no ambiente e liga a lâmpada automaticamente. Se a pessoa deixa o local, a lâmpada se apaga. Com o sensor, a economia chega a 20% na conta de luz, e o investimento não é tão alto. O sensor de energia custa, em média, entre R$15 e R$20. Em uma casa de três dormitórios, por exemplo, é um custo que se paga em um ano. Existem três modelos de sensores para cada tipo de ambiente. Pesquise e instale um sensor na sua casa. Se você mora em apartamento, sugira o sensor de energia também para as áreas comuns de seu condomínio.

## SUPERLED

Uma empresa norte-americana criou a "Firefly LED", uma lâmpada supereconômica que pode durar até 40 anos e economizar cerca de 90% na energia usada.

O produto já está sendo comercializado por cerca de US$35.

3. **Use lâmpadas fluorescentes** — São aquelas branquinhas, que não esquentam. Elas consomem menos e duram até dez vezes mais que as incandescentes — as lâmpadas que emitem calor e gastam três vezes mais energia. Desde julho de 2013, as incandescentes de 150 watts e 200 watts deixaram de ser vendidas. Outras, de menor potência, saíram das prateleiras em 2016. A incandescente é a vilã da economia da energia. São quase 150 modelos de lâmpadas incandescentes no Brasil, e elas ainda estão presentes em 80% dos lares brasileiros. Embora as lâmpadas fluorescentes compactas (as LFCs) sejam mais caras na hora da compra — cerca de seis vezes mais do que as incandescentes —, elas se tornam muito mais baratas durante seu tempo de vida, porque consomem bem menos energia. Se você considerar uma lâmpada incandescente acesa durante seis anos, seis horas por dia, ela gastará em média R$192 entre reposição e eletricidade. Agora, se você optar pela fluorescente, sua despesa nesse período cai para R$55. Para quem acha que as fluorescentes têm uma luminosidade estranha, já existem no mercado as fluorescentes amarelas, que emitem uma luz mais "quente", aconchegante. Mas é preciso cuidado na hora de jogar fora a lâmpada fluorescente: ela tem uma substância tóxica, que pode provocar doenças se não for descartada corretamente. Entregue a lâmpada em um posto de coleta.

4. **Não exagere na potência** — Uma lâmpada de 100 watts no quarto é muita coisa. Uma de 40 watts já ilumina muito bem.

5. **Use LED** — A lâmpada de LED consome 85% menos energia que a incandescente e 50% menos que a fluorescente. Tem longa vida útil e é mais inteligente no descarte. Prefira produtos de grandes fabricantes mundiais que investem em pesquisa.

## HORA DO PLANETA

A Hora do Planeta é um movimento que acontece no mundo todo promovido pela organização WWF. O movimento sugere que as pessoas fiquem no escuro durante uma hora para mostrar, de forma simbólica, que se preocupam com o meio ambiente e estão dispostas a fazer sua parte para lutar contra o aquecimento global.

As pirâmides do Egito, a Torre Eiffel, a Acrópole de Atenas, o Cristo Redentor e a Ópera de Manaus estão entre os monumentos mais famosos que apoiam a iniciativa e se mantêm no escuro durante 60 minutos na data marcada.

**NESTE CAPÍTULO**

» **Reestruturando a mobilidade urbana**

» **Entendendo os impactos do transporte na vida urbana**

» **Conhecendo as inovações nos meios de transporte**

# Capítulo **27**

# Mobilidade Urbana

S em transporte público de qualidade e uma política de incentivos à indústria automobilística, que despejou milhões de veículos nas ruas, somos uma população paralisada dentro dos carros.

Outro fator que contribui para aumentar o problema da falta de mobilidade urbana no Brasil é a herança histórica da política rodoviária do país, que gerou um acúmulo nos investimentos para esse tipo de transporte, em detrimento a outras formas de locomoção. Com isso, aumentou também a presença de veículos pesados, como os caminhões, o que dificulta ainda mais a fluidez do trânsito.

A cidade de São Paulo é uma das que mais sofrem com esse problema. Em média, o paulistano pode passar até 45 dias do ano no trânsito.

Mas inúmeras cidades mundo afora se preparam para uma revolução em toda a estrutura da mobilidade urbana.

## O que Já Está Rolando...

Entre as mudanças estão a priorização de pedestres e ciclistas em vez de carros privados, visando a manutenção da dimensão humana da cidade; a ampliação do alcance e a melhoria da qualidade e eficiência dos transportes públicos.

A tendência é que o transporte público (ônibus, bondes, trens e metrô) seja movido a eletricidade e outras fontes renováveis de energia.

Paralelamente à mudança da estrutura viária em favor da bicicleta e dos transportes públicos, há um forte movimento entre as pessoas mais jovens para que a população em geral se conscientize de seus padrões de viagem. A tecnologia tem sido uma importante ferramenta. O uso de app para celular, como o Move ou o Humana, disponibiliza informações sobre seu comportamento de mobilidade e incentiva a se movimentar, andar ou pedalar mais. De outra parte, há cada vez mais um impacto positivo em relação ao comportamento de mobilidade quando as pessoas compartilham experiências boas e ruins nas mídias sociais.

Confira agora os impactos dos meios de transporte na vida urbana, considerando fatores como poluição, estresse, perda de tempo e inclusão social.

# Avião

O avião é atualmente o meio de transporte mais rápido do planeta, tirando os foguetes e os ônibus espaciais. Tem avião a jato que alcança 900km/h. Já aviões supersônicos, que operam atualmente apenas para fins militares, podem alcançar velocidades que superam a velocidade do som.

A grande maioria das cidades ainda é dependente de seus carros. Seja por falta de um transporte coletivo de qualidade ou por associar os veículos a um símbolo de status.

## Números

A aviação civil é uma indústria gigantesca. São 1.586 empresas aéreas, 3.846 aeroportos comerciais espalhados pelo mundo e 8,36 milhões de pessoas empregadas na indústria aeronáutica. O total chega a 56 milhões de pessoas empregadas direta e indiretamente, o que representa uma movimentação de US\$2,2 trilhões. O transporte aéreo representa 51% dos deslocamentos turísticos. É o grande aliado da globalização na missão de encurtar a distância entre os países.

## Poluição do ar

Mas o avião é o meio de transporte mais poluente que existe. O querosene é o principal combustível utilizado por aeronaves. Sua queima dá origem a diversos poluentes perigosos e que contribuem com o aquecimento global, como o monóxido e o dióxido de carbono, os hidrocarburetos gasosos e os óxidos de nitrogênio. Só em 2011, os voos comerciais geraram 676 milhões de toneladas de $CO_2$.

Em uma viagem de ida e volta de São Paulo até Paris, por exemplo, um passageiro da classe econômica é responsável pela emissão de 1.741kg de gás carbônico na atmosfera.

# Avanços

## Avanço tecnológico

Aeronaves mais modernas: As empresas ligadas ao transporte aéreo têm demonstrado alguns esforços no sentido de diminuir o impacto ambiental de suas atividades. Um exemplo disso é a maior eficácia das turbinas atuais, que chegam a ser 70% mais eficientes que as utilizadas nos anos 1960. Hoje os motores das aeronaves emitem 20 vezes menos CO, $CO_2$ e UHC, em comparação com os modelos fabricados durante a década de 1970.

A NASA tem criado novas aeronaves experimentais que demonstrarão a importância e a viabilidade da "Aviação Verde", a nova tecnologia que visa reduzir em mais de 50% o consumo de combustível, das emissões de carbono e do ruído (em especial dos aviões comerciais do país), bem como reduzir pela metade os níveis de ruído perceptíveis nas proximidades de aeroportos.

**FIGURA 27-1:** Aurora, exemplo de "Aviação Verde".

Este é o Aurora, avião-conceito da Lockheed Martin, com corpo e asa híbridos, uma das propostas da NASA para atender ao que se denomina "Aviação Verde".

Biocombustíveis: Empresas como Boeing, Virgin Atlantic, KLM, JAL, Air New Zealand e Lufthansa têm apoiado o desenvolvimento e a produção de combustíveis alternativos para a aviação civil, por considerarem os biocombustíveis melhores do que os produzidos a partir de petróleo.

Nos voos-teste, as empresas aéreas têm utilizado matérias-primas como algas, camelina (planta que produz óleo) e a flor jatropha para produzir biocombustíveis. Essas fontes não competem com produtos alimentícios que também são utilizados na produção de biocombustíveis de primeira geração, como o milho. Outro tipo de biocombustível para aviação, o querosene produzido a partir da cana-de-açúcar ganha destaque, pois tem potencial para apresentar um desempenho ambiental superior ao de outros biocombustíveis testados em aviões e proporciona uma diminuição de até 82% das emissões.

## Aeroportos sustentáveis

Alguns aeroportos também têm investido em tecnologia que permita menos emissões em suas atividades. O Aeroporto de Oregon, nos Estados Unidos, além de contar com painéis solares para geração de energia elétrica, possui um grande jardim vertical.

O novo aeroporto das Ilhas Galápagos conta com mecanismos de energia eólica e solar. A água é fornecida por uma usina de dessalinização e será reutilizável graças a um sistema de tratamento interno.

No Brasil, o Aeroporto Internacional de Guarulhos também tem planos para diminuir o impacto ambiental de suas atividades. A empresa concessionária que agora administra o aeroporto planeja investir em um projeto para a utilização de biodiesel, além da implantação de um projeto de gestão de resíduos sólidos. O Aeroporto Internacional de São Francisco, nos Estados Unidos, possui metas muito mais ambiciosas. A ideia é zerar as emissões de carbono até o ano de 2020, com uma diminuição de 1,6 tonelada anualmente. Isso se daria através da utilização de um sistema de iluminação ecoeficiente, que utiliza a luz natural para diminuir a utilização de lâmpadas, e do uso de ônibus movidos a biodiesel. Além disso, passageiros ganharão descontos se alugarem carros ecoeficientes e poderão comprar créditos de carbono para diminuírem o impacto ambiental de suas viagens.

O Aeroporto Internacional Charlotte Douglas, na Carolina do Norte, foi o primeiro no mundo a utilizar uma composteira para reciclar seu lixo e ainda fazer dinheiro com isso. A administração do aeroporto investiu US$1,2 milhão na compra do material necessário para a compostagem e, é claro, em minhocas. Tanques de 15 metros de comprimento recebem todo o lixo orgânico produzido pelo aeroporto, que é consumido por 1,9 milhão de minhocas. Esse lixo orgânico é transformado em húmus de minhoca, utilizado como adubo nos canteiros de flores e arbustos.

## Responsabilidade do Estado

Alguns países já controlam as emissões dos aviões. Na Europa, companhias aéreas terão que pagar pela poluição atmosférica. Em um primeiro momento, as companhias aéreas estarão isentas de pagar por 85% das emissões.

## Pegada de carbono

Uma possibilidade é a substituição de viagens comerciais por videoconferências, economizando tempo e dinheiro e diminuindo sua pegada de carbono.

Algumas companhias estão tomando medidas para quem quer dimensionar seu impacto ambiental durante uma viagem. Um exemplo é uma calculadora de $CO_2$, que indica o quanto de gás carbônico é emitido por passageiro na atmosfera. Se o passageiro quiser se "redimir" de ter poluído os ares, pode fazer a neutralização de carbono das viagens de avião. A ideia é compensar as emissões de gás carbônico plantando árvores ou adquirindo os créditos disponíveis para comercialização.

Outra saída é comprar passagens "Eco", que permitem fazer a sua "compensação ambiental" através de uma companhia.

Os mais radicais chegam a abrir mão das passagens de primeira classe — cujo compartimento possui menos poltronas — e, portanto, são responsáveis pela maior parte das emissões de poluentes.

Outra forma de minimizar o impacto da poluição é evitar voos com escala (a maior parte da emissão de carbono está no pouso e na decolagem).

Levar a bordo menos bagagem também ajuda, pois aviões com menos carga emitem menos $CO_2$.

No Brasil, a Gol anunciou em 2012 que em 20 anos todos os seus aviões utilizarão biocombustíveis.

Outra novidade é o desenvolvimento de aviões movidos a energia solar. O Solar Impulse, modelo ainda em desenvolvimento, já estabeleceu recorde de tempo de voo para esse tipo de avião, com um voo de mais de 26 horas.

# Carros

## Acelerando

A propaganda da indústria automobilística criou uma ilusão de segurança, conforto e status que até hoje permanece no imaginário coletivo. E a despeito do alto preço de um carro, o custo de seu combustível, do estacionamento e do licenciamento, é uma indústria que desfruta de poder e prestígio no mundo todo.

No ano de 2012 chegamos à marca de 1 bilhão de carros no planeta. Apenas em 2013, foram quase 83 milhões de carros vendidos no mundo. A indústria automobilística movimenta US$2,5 trilhões e emprega 50 milhões de pessoas em todo o mundo.

O uso do carro só cresce. Em Los Angeles, por exemplo, apenas 0,8% das pessoas andam de bicicleta.

Na cidade canadense de Toronto, a taxa de licenciamento de carro parou de ser cobrada. Lá, um pedestre é atropelado a cada três horas e um ciclista é atropelado a cada sete horas.

Em Bogotá, na Colômbia, o número de carros cresceu de 950 mil em 2009 para 1,5 milhão em 2013.

Em 2020 serão 2 bilhões de automóveis na Terra.

## Custo socioambiental

Não é novidade que o que move essa quantidade enorme de veículos são litros e litros de combustível fóssil, o que torna esse setor de transporte um dos que mais emitem gases de efeito estufa na atmosfera, acelerando as mudanças climáticas. É o segundo mais poluente.

Além do custo ambiental, há um custo para a saúde da população.

Veja só:

» Norte-americanos perdem 55 dias de trabalho por ano presos no trânsito, sendo que 25% de suas rendas são para transporte.

» O uso de bicicleta na China caiu 45% em menos de 25 anos, onde 7 milhões de pessoas morrem todo ano devido à poluição do ar.

» Na Europa, 30 milhões de pessoas sofrem de doenças relacionadas ao estresse devido ao barulho do tráfego.

» Em São Paulo chegamos a perder três anos de vida por causa da poluição.

Carros são confortáveis e práticos, com certeza. Mas o automóvel não é uma das melhores soluções quando o assunto é mobilidade urbana.

## Motorista consciente

» **Direção limpa** — Se você ainda preferir o carro, faça a revisão regularmente e cheque se está tudo em ordem para que ele não polua ainda mais.

» **Vá na boa** — Dirija cautelosamente, pois esse é o meio de transporte que mais provoca acidentes.

» **Procure dar caronas** — Assim você evita que saiam muitos carros desnecessariamente. Essa é uma prática cada vez mais comum nas grandes cidades. Mas não é assim de qualquer jeito, indo para a rua e fazendo o sinal com o dedo. O negócio é organizado. Geralmente a pessoa faz parte de algum programa de carona no próprio condomínio onde mora, na empresa, na escola ou em algum site especializado, que faz um cadastro com os dados pessoais e registra o itinerário que a pessoa percorre. Então os interessados combinam o dia e o horário da carona. O sistema pode funcionar em revezamento, ou seja, cada dia é utilizado o carro de uma pessoa; ou cada um pode contribuir com o valor do combustível. A carona faz bem para o meio ambiente porque melhora a qualidade do ar, já que assim há menos carros emitindo poluição. Também é uma iniciativa econômica, porque reduz em até 75% as despesas com combustível e pedágios. A economia para quem pega ou oferece carona chega a R$3 mil por ano. E uma vantagem que não tem preço: a chance de fazer novos amigos. Afinal, uma boa conversa é uma forma bem legal de enfrentar o trânsito, não é?

» **Compartilhamento de carros** — Além de aliviar o trânsito, reduzir a poluição e combater as mudanças climáticas, você ainda ganha uma grana. Existem inúmeras redes de compartilhamento de carros do mundo. Há o compartilhamento tradicional, em que a empresa, dona dos veículos, aluga por hora ou por dia. A pessoa entra no site, reserva e busca o carro usando um cartão eletrônico. O preço da viagem cai, dependendo da quantidade de usuários naquele determinado trajeto. Há também redes de compartilhamento de veículos próprios, um mercado entre as pessoas que desejam alugar seus carros para amigos, vizinhos ou desconhecidos.

O valor do aluguel depende do tipo e da localização de cada carro. Mas varia desde US$7 a hora (um carro simples estacionado em uma rua com muitas vagas) até US$16 a hora (um luxuoso no centro de Nova York). O proprietário ganha 65% do aluguel; a empresa fica com 15%; e a companhia de seguros, com os outros 20%. O seguro cobre o locatário e protege o proprietário. Em caso de acidente, o prontuário do dono continua limpo. Compartilhar muda nossa relação com o automóvel. Ficamos mais livres, independentes, e otimizamos o uso do veículo. Em vez de o carro ficar ocioso quase todo o dia, tomando espaço dos estacionamentos ou das ruas, ele pode substituir 15 carros pessoais.

» **Carros compactos** — Fuja dos carros grandes. A fabricação deles gera mais gases de efeito estufa, a manutenção é mais cara e o peso do veículo consome até quatro vezes mais gasolina do que um carro pequeno, compacto. Isso sem falar na dificuldade para estacionar.

» **Carro híbrido** — Chamado de flex, aquele que funciona também com etanol, um combustível menos poluente. O carro flex faz até 25 quilômetros por litro de álcool.

O Brasil é um exemplo nesse sentido: metade da frota brasileira já é de veículos flex.

# Responsabilidade do Estado

A restrição do uso dos carros pode gerar renda para investir em outros modais. Londres criou o pedágio urbano, enquanto Copenhague e Amsterdã instituíram taxas caríssimas de estacionamento nas ruas do centro da cidade (dependendo do dia e do horário, chega a custar o equivalente a R$30 para deixar o carro estacionado por uma hora). Esse tipo de política garante que, ao mesmo tempo, o uso de carros diminua e o uso de outros modais seja possibilitado. Ataca diretamente o trânsito e melhora a vida de muita gente.

# Carros verdes

**Modelos ecológicos** — O zumbido sutil dos carros do futuro começa a competir com o ronco dos motores a gasolina.

O motor elétrico voltou com tudo. E ele não vem sozinho. Está acompanhado por novas baterias, células de combustível, motores flex, biodiesel e etanol, em uma enorme onda de inovação.

Carros elétricos movidos a bateria, carros híbridos e carros movidos a pilha de hidrogênio podem reduzir as emissões de gases do efeito estufa e material particulado (poeira e fuligem) em até 80% até 2050.

Entenda os diferentes tipos de veículos "verdes".

## Hybrid Electric Vehicle (HEV)

É um veículo elétrico híbrido que usa tanto um motor elétrico e um motor de combustão interna para propulsionar o veículo (não pode ser carregado na rede elétrica).

## Plug-In Hybrid Electric Vehicle (PHEV)

Um veículo elétrico híbrido plug-in é aquele que usa a eletricidade obtida na rede para alimentar um motor elétrico e também utiliza um motor de combustão interna, semelhante a um híbrido puro.

## Extended Range Electric Vehicle (EREV)

É um veículo elétrico com extensor de autonomia que funciona como um veículo elétrico a bateria por um certo número de quilômetros e muda para um motor de combustão interna quando a bateria está descarregada.

212   PARTE 5 **Ambientes Saudáveis**

### Battery Electric Vehicle (BEV)

É um veículo elétrico a bateria que é alimentado exclusivamente por energia elétrica a partir de sua bateria *on-board*, carregada em uma tomada da rede elétrica (carregado apenas na rede elétrica).

### Fuel Cell Vehicle (FCV)

Um veículo elétrico a células de combustível converte a energia química de um combustível, como o hidrogênio, em energia elétrica.

### Plug-In Electric Vehicle (PEV)

Muito utilizado para se referir a duas categorias: Battery Electric Vehicle (BEV) e Plug-In Hybrid Electric Vehicle (PHEV).

## Quem inventou o carro elétrico?

A invenção do veículo elétrico é atribuída a várias pessoas. Em 1828, Ányos Jedlik, um húngaro que inventou um tipo primitivo de motor elétrico, criou um pequeno carro alimentado por seu novo motor.

Em 1834, Thomas Davenport, o inventor do primeiro motor elétrico norte-americano DC, instalou seu automóvel em um pequeno modelo de carro, que ele operou em uma curta pista eletrificada circular.

Em 1835, o professor Sibrandus Stratingh, de Groningen, na Holanda, e seu assistente Christopher Becker criaram um carro elétrico de pequena escala alimentado por pilhas não recarregáveis.

Em 1838, o escocês Robert Davidson construiu uma locomotiva elétrica que atingiu uma velocidade de 4mph (6,4km/h).

Entre 1832 e 1839, Robert Anderson, da Escócia, inventou um carro elétrico que usava uma bateria recarregável alimentada por um pequeno motor elétrico. O veículo era pesado, caro e precisava frequentemente de recarga.

A patente para o uso de trilhos como condutores de corrente elétrica foi concedida na Inglaterra em 1840, e as patentes semelhantes foram emitidas para Lilley e Colten, nos Estados Unidos, em 1847.

As pilhas recarregáveis que forneceram um meio viável para o armazenamento de eletricidade a bordo de um veículo foram criadas em 1856 pelo físico francês Gaston Planté.

> » Oitenta por cento da superfície da cidade de São Paulo está sendo usada pelos carros, contando ruas, estacionamentos e serviços de montagem, distribuição e manutenção.
>
> » Nas grandes cidades, 40% das viagens diárias feitas de carro são de até 5 quilômetros.

## Componentes sustentáveis: Materiais usados para substituir o aço e os derivados de petróleo na produção dos veículos

O uso mais frequente é o do polietileno tereftalato, o famoso PET, um polímero bastante polêmico porque é usado nas garrafas de dois litros de refrigerante e com frequência é visto poluindo rios e oceanos. A aplicação desse material em tecidos não é exclusiva da indústria automobilística; na verdade, essa é uma de suas aplicações. O que as montadoras destacam, no entanto, é que o PET usado por elas vem da reciclagem.

A Volkswagem desenvolveu tecidos à base de PET reciclado para revestir bancos e portas em seus veículos. Segundo ela, a sustentabilidade é garantida através da tecnologia que "protege o meio ambiente, ao permitir que cada carro utilize quantidade de plástico equivalente a até 52 garrafas PET de 1,5 litro, sendo aproximadamente 44 garrafas para o tecido que revestirá bancos e o restante para o das portas".

Além disso, a Volkswagen do Brasil afirma ter sido a primeira fabricante de automóveis a trabalhar com a fibra de curauá, que é usada na cobertura do porta-malas do Fox desde 2004. Nativo da Floresta Amazônica, o curauá, segundo a montadora, é reciclável e proporciona às peças de veículos um acabamento resistente, de aspecto agradável e fácil higienização.

Na Ford, a sustentabilidade está no uso de garrafas PET para fazer revestimentos internos de carpete e tampas de garrafas para a confecção de partes do painel; reaproveitamento de caixas de baterias para a fabricação do revestimento interno dos para-lamas e pedais; e reciclagem de garrafões plásticos para a confecção de lanternas. Além disso, em sua linha de montagem, pneus e para-choques têm material proveniente de similares usados dos mesmos componentes vindos de carros velhos

Na Fiat Chrysler, um dos materiais renováveis usados pela montadora é o Eco-mold (nome comercial para uma mistura de fibra de juta e polipropileno), presente no acabamento das portas do jipe Renegade. Além disso, segundo a Fiat Chrysler, a sustentabilidade está no fato de que todos os veículos produzidos no polo automotivo Fiat, em Betim (MG), têm bancos feitos com 5% da espuma derivada de óleo de soja. Outro exemplo é uma madeira triturada com polipropileno que é usada nos painéis de porta e nas tampas do porta-malas em diversos modelos, como o Palio.

O banco traseiro do Hyundai i30 usa uma fibra vegetal.

Na Hyundai, os modelos i30 e Elantra, importados da Coreia do Sul, possuem uma placa de fibra natural na parte traseira do banco traseiro. Essa fibra é derivada de uma planta asiática chamada Kenaf (*Hibiscus cannabinus*), um arbusto de 2,5 a 3 metros bastante usado na indústria têxtil.

A Renault usa fibras de garrafas PET recicladas na fabricação do material que reveste internamente seus veículos.

Na Audi, um dos principais focos é tornar os carros mais leves e aumentar a facilidade de reciclagem de seus componentes. Para isso, a montadora adota o uso do alumínio, que apresenta grande durabilidade e potencial de reaproveitamento praticamente ilimitado. De acordo com a Audi, por serem mais leves (dependendo da aplicação e do formato, o alumínio pode resultar em reduções de peso, entre 14% e 49% por componente, em relação ao aço), os carros também emitem menos $CO_2$, o que contribui para o meio ambiente. Um exemplo: com o uso do material, o Audi A3 teve seu peso reduzido em cerca de 80kg.

# Produção de água potável pelo ar-condicionado

Um carro tem milhares de componentes. Por isso, há muito potencial para substituir os materiais mais presentes, como aço, ferro e plástico, por opções mais leves e até biodegradáveis. Mas a reciclagem de componentes é apenas uma das várias possibilidades nesse universo.

Os engenheiros Doug Martin e John Rollinger, por exemplo, através de um programa da Ford que incentiva seus empregados a pensar em inovação, criaram um projeto experimental para a aplicação futura de um sistema que gera água potável no interior do veículo aproveitando a condensação natural no ar-condicionado.

Segundo a empresa, seus funcionários descobriram que um carro pode produzir quase 2 litros de água por hora. No projeto, que foi chamado pelos autores de "On-The-Go H2O", um dispositivo capta, filtra e armazena a água no carro para uso em uma torneira no console. Segundo a Ford, o equipamento

CAPÍTULO 27 **Mobilidade Urbana** 215

pode significar menos paradas na estrada, menos garrafas plásticas no lixo, e tem potencial para ajudar pessoas no trânsito ou em áreas de difícil acesso à água, mesmo em locais remotos. Como está na fase inicial de pesquisas, o projeto não tem data de implantação.

# Bicicleta

Em termos de ecologia, é o melhor meio de transporte, pois não emite nenhum tipo de poluente. Isso sem contar que é saudável.

## Saúde

O ciclismo, mesmo não profissional, se praticado por pelo menos uma hora por dia, gera um aumento considerável da expectativa de vida. E a saúde melhora nos aspectos cardiovascular, muscular, ortopédico e mental.

## Meio de transporte

A bicicleta vem ganhando espaço no cotidiano do brasileiro não só como mais uma opção de lazer, mas como um importante meio de transporte diário. Hoje, no Brasil, são mais de 60 milhões de bicicletas, e metade é usada pela população para ir ao trabalho.

## Iniciativas de incentivo

Maiores reféns do trânsito, as grandes capitais já recebem algumas iniciativas.

## Aluguel de bicicletas

Cidades como Rio de Janeiro, São Paulo e Curitiba contam com o sistema de aluguel de bicicleta, resultado da parceria entre prefeituras e bancos. O Bike Sampa, por exemplo, é composto por estações inteligentes que são conectadas a uma central de operações via wireless, alimentadas por energia solar e estão espalhadas por pontos estratégicos de São Paulo. Os clientes cadastrados podem retirar uma bicicleta e fazer quantas viagens quiserem, e depois devolvê-la em qualquer uma das estações do programa.

Por R$10, os clientes podem adquirir o Passe Bike Sampa, com validade para 30 dias de uso. Por até 30 minutos, é possível utilizar a bike livremente. No entanto, é preciso devolvê-la após esse prazo e esperar mais 15 minutos para utilizá-la novamente. Para cada meia hora a mais que o usuário estiver com a bicicleta sem fazer a devolução em uma das estações, será cobrada uma taxa extra de R$5. A compra do passe pode ser feita via cartão de crédito.

Em São Paulo, quem se desloca até o trabalho de bicicleta recebe incentivo financeiro por meio do programa Bike SP. A principal mudança ocorre com o Bilhete da Mobilidade: quem faz uma parte do percurso diário de bike acumula créditos, que são calculados segundo o horário, a distância e o local percorridos. Os benefícios podem ser resgatados em dinheiro ou utilizados em uma rede credenciada de serviços.

Na Califórnia e em Nova York, já existem bicicletas inteligentes feitas para compartilhamento e que possuem GPS, para que a bicicleta seja localizada ao longo de seu trajeto, além de um sistema de bloqueio integrado em rede, que só permite a utilização das bicicletas por meio dos códigos divulgados a cada usuário via smartphone ou tablet. Esse compartilhamento de bicicletas permite ao usuário localizar, reservar e desbloquear as bikes através de um aplicativo que pode ser baixado em seu equipamento eletrônico. Após baixar o aplicativo, o usuário paga uma taxa de US$10 por mês e está apto para utilizar o serviço. Ele abre o programa, localiza a bike mais próxima, faz a reserva e recebe um código em seu próprio smartphone. Ele tem 15 minutos para chegar ao local e digitar o código que liberará a trava da bicicleta.

Quando o usuário não quiser mais utilizar o veículo, basta localizar (com seu aplicativo) um suporte de bicicleta que esteja mais próximo e, caso a vaga esteja disponível, prender a bike no local.

# Ciclovias

As grandes cidades têm projetos audaciosos: criar ciclovias extensas e áreas especiais de parada para bicicletas nos semáforos, protegendo e priorizando o ciclista quando o sinal abrir. Cidades de alguns países já estão bem desenvolvidas em relação a ciclovias. Por exemplo, a cidade de Bogotá possui 359km de ciclovia; Nova York, 675km; e Berlim, 750km. Em Tóquio e na Holanda, 25% dos trajetos são feitos de bicicleta. E esses locais procuram, além das ciclovias, outras iniciativas para estimular o uso da bicicleta. Na França, 20 empresas e instituições, somando mais de 10 mil funcionários, pagam 25 centavos de euro a cada quilômetro percorrido de bicicleta no trajeto de casa ao trabalho. Ainda na França, em Paris, o P'tit Vélib', terceiro maior serviço de compartilhamento de bicicletas do mundo, oferecerá 300 bicicletas para crianças de 2 a 10 anos de idade em diferentes tamanhos. No Reino Unido, o governo criou um sistema de vendas de bicicleta em conjunto entre funcionários e empregados chamado Cycle to Work, que oferece preços menores e descontos nos impostos para aqueles que usam bicicleta para ir ao trabalho. Já na Alemanha, o projeto é ainda maior. O governo alemão, preocupado em reduzir o congestionamento e a poluição, pretende trocar carros e caminhões por bicicletas de carga.

Segundo um estudo realizado em Nova York, as vendas das lojas de rua aumentaram em até 49% após a construção de ciclovias. O estudo argumenta que um ciclista tem menos barreiras para entrar em uma loja local e que, ao contrário do carro, é mais fácil encontrar um ponto para prender a bicicleta. Outro fator interessante é a questão da segurança. É quase unanimidade entre os ciclistas que pedalar nas grandes vias, além de atrapalhar o trânsito, aumenta o risco de acidentes. Porém, um estudo feito na Universidade do Colorado, em Denver, nos Estados Unidos, mostra o contrário. O estudo afirma que o aumento de bicicletas nas estradas reduz o número de acidentes de trânsito e ainda torna o tráfego mais seguro.

# Iniciativas criativas

## Bike da Firma

Olha só que ideia ótima que vem da capital paulista! O programa Bike da Firma criou uma forma de recompensar funcionários de empresas que incentivam o uso de bicicletas para ir trabalhar. Funciona assim: a empresa interessada entra em contato com o programa Bike da Firma e se cadastra. Então, os funcionários têm acesso a bicicletas compartilhadas e que têm um equipamento que registra a quilometragem percorrida por cada bicicleta. A cada 100 quilômetros percorridos, os trabalhadores ciclistas ganham recompensas, que podem ser desde uma rodada de cerveja até créditos para compra de livros.

Pelo site do programa (www.bikedafirma.com) é possível acompanhar o progresso das bicicletas da empresa.

## Pedal Social

Uma ideia do Instituto Mobilidade Verde para ajudar as pessoas que não têm dinheiro para pegar um transporte e precisam da bicicleta para ir trabalhar. Funciona assim: qualquer pessoa pode doar uma bicicleta ao projeto através do site www.pedalsocial.com.br. Quem tem interesse em usar a bicicleta tem que se cadastrar e comprovar que tem um trabalho, mas não consegue chegar lá por falta de dinheiro. Então a pessoa fica com a bicicleta durante o mês. Ao final do período, ou quando receber o salário, ela devolve a magrela, que será entregue à outra pessoa na mesma situação. Tudo funciona na base da confiança.

## Ciclovia inteligente

O risco de acidentes ainda é um empecilho para muitos ciclistas. Um projeto desenvolvido em Berlim, capital da Alemanha, pretende utilizar uma ciclovia já existente e torná-la mais inteligente, separando-a completamente dos carros.

O pavimento deverá ter a capacidade de transformar o atrito causado pelos pneus em energia — os recursos obtidos serão utilizados para iluminar o trajeto (equipado com semáforos e placares informativos) e para suprir as instalações ao longo da ciclovia.

A estrutura também oferecerá espaços para descanso, como cafés, estações de serviços com assistência técnica, aluguel de bicicletas e até mesmo hortas urbanas disponíveis a quem passar por ali.

### Superbike

Em Copenhague, capital dinamarquesa, que tem mais bicicletas (650 mil) do que habitantes (550 mil) e carros (125 mil), há um sistema de bikes públicas que são elétricas com tablets embutidos, batizado de GoBike.

Os tablets contam com cabos escondidos no guidão para evitar roubos e vandalismo e têm função de computador de bordo. Neles o passageiro pode escolher se utilizará a bicicleta na função manual ou elétrica, conferir os horários de trens e metrôs, reservar uma segunda bicicleta para outra pessoa e calcular as rotas mais rápidas entre os destinos.

Para os ciclistas turistas, além de ser possível escolher a função em inglês (mais universal que o dinamarquês), há dicas de pontos de interesse, restaurantes e serviços.

# Ônibus

Com o vertiginoso crescimento populacional, aumenta a necessidade de mobilidade. Há mais de mil cidades ao redor do mundo com populações acima de 500 mil habitantes. A resposta para essa demanda não pode ser o transporte individual, especialmente nas regiões metropolitanas. Os ônibus fazem parte da solução para os desafios do tráfego.

O transporte coletivo é o meio de transporte considerado menos perigoso, consegue transportar muitas pessoas — 48 pessoas sentadas — e ocupa pouco espaço nas vias públicas. Tudo isso diminui a paralisação do tráfego e a emissão de poluentes.

A poluição gerada por um ônibus com 20 pessoas é menor do que a poluição de 20 carros com uma só pessoa.

A UITP (União Internacional dos Transportes Públicos) chegou a um cálculo simples: transportar 10 mil pessoas por uma distância de um quilômetro exige 2 mil automóveis, ocupando aproximadamente 24 mil metros quadrados de espaço viário. No caso de um ônibus de 12 metros de comprimento, são necessários apenas 100 veículos, ocupando um espaço de 3,2 mil metros quadrados.

Mas o transporte coletivo deve ser pensado para todos os cidadãos, oferecendo um serviço de qualidade, para que venha a ser sempre uma alternativa de preferência da população.

Passo importante seria o uso de fontes não fósseis para reduzir a poluição atmosférica, diminuindo doenças respiratórias e casos de câncer na população. Aproximadamente 47% das emissões dos poluentes em partículas são gerados por ônibus.

A redução na queima de diesel convencional não só poupa recursos dos cofres públicos, mas também salva vidas.

As principais cidades do mundo já buscam a transição dos combustíveis fósseis para renováveis (etanol, biodiesel, diesel de cana-de-açúcar e eletricidade) na frota de ônibus.

## Ônibus verdes

Tipos:

» **Elétrico puro (E-bus)** — O ônibus elétrico puro é tracionado por motor elétrico, cuja única fonte de energia está acumulada a bordo em um banco de baterias. O sistema de tração é o mesmo aplicado aos trólebus e híbridos, porém não necessita de rede aérea ou grupo motor-gerador, podendo operar em qualquer sistema viário. O ônibus elétrico é movido a baterias, tem emissão zero de gases poluentes, e a energia vem de um conjunto de baterias que precisam de recargas rápidas para distribuição.

» **Trólebus** — Não tem câmbio, a frenagem é elétrica, e toda a operação é controlada eletronicamente. O gerenciamento eletrônico reduz significativamente o custo da operação, garantindo mais agilidade na manutenção e maior durabilidade dos componentes. Para o usuário do sistema de transporte público, o trólebus oferece bastante conforto em relação aos ônibus convencionais. A aceleração controlada eletronicamente evita os trancos constantes; o ruído (interno ou externo) é baixo, reduzido em até 50%; e o condutor do veículo trabalha com muito mais conforto, bem-estar e tranquilidade. Uma das dificuldades do sistema é a falta de energia por problemas na subestação ou quebra de fiação. Mas já existem sistemas autônomos com baterias, que permitem o deslocamento dos trólebus sem rede aérea por 7 quilômetros. Essa nova tecnologia evita a interrupção do sistema, pois o deslocamento é suficiente para que o trólebus alcance um novo trecho com energia.

» **Híbrido** — A designação de "híbrido" acontece quando o veículo tem duas fontes de energia: motor elétrico, que pode se tornar um gerador, e motor diesel. A eficiência dos motores elétricos, a tecnologia de baterias, o sistema de frenagem regenerativa e a tecnologia de tração que gerencia todos os conjuntos permitem que o ônibus elétrico híbrido reduza a emissão e o consumo de combustível. As emissões locais e o material particulado são reduzidos em até 95%, e o consumo de diesel em operação comercial está entre 15% e 30%, dependendo da tecnologia das baterias, que podem ser de chumbo ácido (menor custo e menor eficiência) ou de íon de lítio (maior custo e melhor eficiência).

# CONHEÇA OUTROS LIVROS DA PARA LEIGOS!

Negócios - Nacionais - Comunicação - Guias de Viagem - Interesse Geral - Informática - Idiomas

Todas as imagens são meramente ilustrativas.

**SEJA AUTOR DA ALTA BOOKS!**

Envie a sua proposta para: autoria@altabooks.com.br

Visite também nosso site e nossas redes sociais para conhecer lançamentos e futuras publicações!

www.altabooks.com.br

/altabooks ▪ /altabooks ▪ /alta_books

ALTA BOOKS
E D I T O R A

Rua Álvaro Seixas, 165
Engenho Novo - Rio de Janeiro
Tels.: (21) 2201-2089 / 8898
E-mail: rotaplanrio@gmail.com